ライフという名のレストラン

美味しい匂いがするレストラン

美味しい匂いがするレストランを作りたかった。それは料理のいい香りが漂ってくることだけを意味しているのではない。店の佇《たたず》まい、テーブルや椅子などの家具、食器、照明、音楽、接客などレストランに関わる全ての事柄から、美味しい料理が楽しめる空気を醸《かも》したかった。

たとえば照明であれば、昼夕夜それぞれの時間に心地よく料理が味わえるよう調光する。音楽であれば、穏《おだ》やかな時が過ごせるよう、季節や天気、時間に合わせて曲を選ぶ。

料理を一生の生業《なりわい》にしようと決めた時から、料理の腕だけを極めたいとは思っていなかった。当然、美味しい料理を作れるようになるため、真剣に修行する覚悟だった。しかしながら、本当にやりたいのは皆が寛《くつろ》いで食の時間を心から楽しめる場所を作ること。だから料理修行を始める前から自身の店を持ちたいと考えていた。それを実現するために身につける必要があるのが調理技術で、料理の技を磨くために修行をしたのではない。煩《わずら》わしく聞こえると思うが、ここは僕が大切にしたところだ。

料理を生業にしようと決めた頃、バブル景気は終わっていたが日本はまだどこか浮かれていて、世はグルメブームの真っ只中。高級レストランがもてはやされる一方で安価なチェーン店が乱立し始めていた。そんな時代に、そのどちらでもない、僕にしかできないレストランとは一体どんな店だろうと真剣に考えていた。日本でも料理技術を学ぶことはできるが、理想とするイタリアンレストランを作るために、どうしてもイタリアで料理修行がしたかった。幸運にもそれが実現できる環境にあった十八歳の僕は、たった一人でイタリアに行くことを決心した。

修行先を決めるにあたり、フィレンツェの様々なレストランを訪ね歩いた。料理の味だけでなく、美味しい匂いを醸していているか、スタッフが生き生きと働いているか、お客さんが笑顔で食事を楽しんでいるか、それらを冷静に観察した。

本場の料理技術を習得することを目的に、星付きの高級店で働くため海外に行く人も多いと思う。それが本当の料理修行なのかもしれないが、僕が作りたい店は高級店ではなかった。高級店はどこも厨房《ちゅうぼう》と客席が完全に分かれていて、お客さんから調理している姿が一切見えない。

客席から調理中のコックの姿がしっかり見えて、食事するお客さんの様子が通りを行く人たちの目に入る、テラス席がある店。こじんまりとしているけれど、全てのお客さんにしっかり目が届く店。それが頭の中で描いていた理想のレストランだった。

修行の最後、イタリア滞在中最も長く働いた店は、僕の考える理想のレストランそのものだった。通りに面した入り口が二箇所あって、入ってすぐのところに厨房が位置している。通りから店の様子がよく見えて、お客さんは調理するコックたちの姿を眺めながら食事ができる、開かれた明るい店構えだった。

　僕が最初に開店したイタリアンレストランは、この店の影響を色濃く受けている。偶然見つけた物件は大通り沿いの入り口の他に、遊歩道に面した裏口もあった。本来はスタッフの通用口で、正面口に比べたら小さな扉だったけれど、ここからもお客さんが出入りできるようにした。

　正面口の前は、街を初めて訪れた人もよく利用する目抜き通りで、反対側の遊歩道は地元の人しか通らない、いわゆる裏道。しかしそこは駅までの近道として近隣の人たちが毎日のように利用する、人通りの多い道だった。偶然ではあるが、入り口をふたつにしたことで、この街に暮らす人たちの目に入る機会がグッと増えた。

　イタリアでは、オーナーが個人で営む小さなレストランばかりを巡っていたが、それも自分の店を始める時の参考にしようという気持ちから。チェーン店やリストランテと呼ばれる高級店にも何度か足を運んだが、どうしても興味を持つことができなかった。レストランを始めて二十年経ったが、修行時代から今日に至るまで、僕が理想とするレストランの姿は何ひとつ変わっていない。

現在、自身が営む店が二店、監修者として携わっている店が三店あるが、店舗数を増やしたいという気持ちは微塵《みじん》もなかった。一般的には、店を大きくすることや店舗の数を増やすことが成功の基準なのかもしれないが、そこには何の意味もないと僕は考えている。いろいろな出会いがあって、結果として複数の店に関わっているけれど、店舗を増やすことを目標にはしていない。

もうひとつ、イタリアで学んだ大切なことがある。レストランは、その街に暮らす人たちが心地よく過ごせる場所であらねばならない。自分が表現したい料理を出すのではなく、訪れた人たちに満足してもらえる味を提供することが肝心だ。

レストランを始めて二十年目を迎える少し前、様々な困難に見舞われた。予期しない感染症の流行で、多くの飲食店と同様、僕のレストランも大きな影響を受けた。順風満帆とは言えないけれど、それまで大きな問題もなくレストランを続けてきたが、まさか二十年を目前に、こんな危機が訪れるとは思いもしなかった。

けれども悪いことばかりではなく、追い風になるようなこともあった。感染症の流行中、自宅で僕のレストランの味が手軽に楽しめるよう調理した食材の通信販売を始めたところ、全国津々浦々から予想を遥かに上回る注文をいただいた。

そして感染症も落ち着き、店を再開させるとたくさんのお客さんが来店してくれた。近所の常連だけでなく、久しぶりに訪れてくれた人、さらには通信販売で初めて僕の店の料理を味わった遠方に暮らす人たちも、上京した折にわざわざ立ち寄ってくれた。

驚いたことに、感染症流行前より多くのお客さんがレストランを訪れるようになったのだ。その事実は、同じ場所で二十年レストランを続けてきて、ようやくこの街の一員になれたのかもしれないと、僕に小さな自信を与えてくれた。

そんな矢先、今度は僕個人に、これまでの人生で一番ともと言えるとてつもなく大きな災難が降りかかった。感染症の流行も何とか凌《しの》ぎ、二十年目に向けて進み出そうとしていたタイミングで、まさかこんな困難が待っているなんて。神様は万事快調には人生を送らせてくれないものだ。けれども、悪いことがあった後は絶対にいいことが訪れると、僕は信じている。

最悪な状況の中、鎌倉に店を出す機会が訪れた。経営的には店舗を増やさない方がいいのかもしれないが、僕はそれに乗ることを決めた。それは様々な苦難を経験した今なら、頭の中でずっと思い描いている理想のレストランを形にできるという強い思いがあったからだ。波風のない平穏な人生を送りたいと思っていても、人間の力ではどうにもならない災難が起こることを知ったからこそ、大きな負荷をかけてでも新しい挑戦をしたいという気持ちが湧き上がってきた。

楽な人生なんてない。この先も何かしらの大きな壁が立ちはだかるだろう。それでも一歩ずつ前に進んでいく。それを一生繰り返していく覚悟ができた。

二十年かかったけれど、やっと全ての準備が整った。これから美味しい匂いがするレストランを完成させるための本番が始まる。僕はまだ旅の途中だ。

目次

残したい味

イタリアンのたのしみ

スタッフたちの成長

個人店を続けるために

装画　小林千秋
装釘　藤原康二
写真　相場正一郎

イタリア料理修行

空港バス嫌い

イタリアに料理修行に出たのは十八歳。実家は栃木の小さな町で惣菜と弁当の店をやっていて、額に汗して働く両親の姿を見ながら育った僕は、いつしか食を一生の生業にしたいと思うようになっていた。

大学に行く代わりに、四年間海外で料理の勉強をさせてくれるという両親に甘え、イタリアへ修行に行くことを決めた。イタリアを選んだ理由は至極単純。当時人気だったテレビ番組『料理の鉄人』に出演していたイタリアンのシェフを見た父の「イタリアン流行りそうじゃない？　修行先イタリアはどうかな」という提案に乗ったのだった。

友人たちが大学進学を目指し熱心に勉学に励む中、自分も何かしらを身につけなければいけないという焦りと、高い志《こころざし》を持つ仲間たちに少しでも追いつきたいという一心で、海外修行の大変さなど少しも理解しないまま、イタリア行きを決めていた。

イタリアに料理修行に行くといっても、周囲に留学経験者は一人もおらず、まだインターネットも普及していなかったので、どこから手をつけたらいいのかされわからなかった。唯一の手掛かりはNHKイタリア語講座の教本。ほんの数ページ留学について書いてあり、それを頼りに情報収集を始めた。同級生が進学塾に通うのを横目に、誰にも相談することさえできず、一人きりで出口の見えないトンネルを歩き始めたような心持ちだった。格好つけてイタリアに料理修行に行くと決めたものの、すでに挫折しそうだった。

イタリア大使館に問い合わせたところ、ビザ申請のための資料を送ってくれたのだが、イタリア語で書かれていてさっぱりわからない。もう無理かもしれないと諦めかけていた時、イタリア語講座の教本に載っていた食品輸入会社の広告の中に「イタリア留学をお考えの方、相談に乗ります」と小さな字で書いてあるのを見つけた。頼れるのはこれしかないと、藁《わら》にもすがる気持ちでその会社に電話をかけた。

様々な経緯を経て、やっとのことでフィレンツェにあるイタリア語学校の入学手続きと、学生向けのアパートを契約することができた。イタリア行きの航空チケットも手配でき、全ての準備が整いホッとした瞬間、僕の中にもうひとつの新しい感情が芽生え始めた。イタリア修行が現実のものとなった途端、底知れぬ寂しさが込み上げてきたのだ。身寄り頼りがない異国の地で一人きりで生活しなくてはならないという現実が眼前に迫ってきて、出発前から不安で押しつぶされそうだった。

出発当日、僕を送り出してくれた家族や友人たちの笑顔が今でも忘れられない。空港に到着した時は、もう後戻りはできないと覚悟を決めていたが、空港までのバスの中では悲しみで涙が止まらなかった。

心が弱く幼かった十八歳の僕にとって遠い異国のイタリアは、恋焦がれる光輝く場所ではなく、恐ろしい暗黒の国に思えた。家族や友人と離れ離れになることが辛くてたまらなかった。

温かい人たちに囲まれて、何の苦労もなくぬくぬくと暮らしていた僕が、生まれて初めて一人きりで外の世界に出ることになり、自分の弱さを自覚した。料理修行の前に、人としての強さを身につけないといけないと覚悟を決めた。しかし、この先に本当の暗黒が待っていることを、この時の僕はまだ知らなかった。

これまで何度か海外に一人旅したことがあるが、道中の空港バスが大嫌いだ。これから旅に出るのだからワクワクしていいはずなのに、不安な気持ちが溢《あふ》れてくる。それは十八歳の旅立ちの日の忌《い》まわしい記憶が鮮明に蘇ってくるから。目をキラキラさせながら海外留学の楽しい思い出を語る人もいるが、僕のイタリア料理修行は、出発前から苦しい経験の連続だった。

精神と時の部屋

高校を卒業したばかりで、まだ日本の文化さえ理解していなかった頃に、いきなり全くの未知の世界であるイタリアに飛び込んでしまった。だから最初は、イタリアのあらゆる常識に慣れるのが大変だった。

何より驚いたのは、イタリア人が皆適当なこと。よく言えばおおらかな性格なのだが、日本とは真反対な事柄があまりにも多かった。日本で「明日たぶん行きます」と言われたら、何かしら突発的なことがない限りは来ると思うだろう。イタリアでたぶんと言う場合、来る可能性は皆無に等しい。たとえ必ず行くと話していても来ないことはざらで、仮に来たとしても時間通りに姿を見せることはまずない。そうした国民性の違いになかなか慣れることができなかった。

イタリアは失業率が高く貧富の差が激しいと聞いていたが、それは想像以上だった。移民が多く、修行先を探し始めた段階でようやく、外国人が職を得るのはとても難しいことを知った。それを事前に把握していたら、修行先にイタリアを選んではいなかっただろう。

今さら後悔しても仕方がない。僕は腹を括《くく》り、無給でもいいので料理修行をさせてもらえるレストランを探すことにした。しかしそれ以前に、絶対に越えなければならない大きな壁が立ちはだかった。言葉の壁である。無給とはいえ、最低限のイタリア語を話せなければ仕事にならない。まずは語学学校に通い、言葉を習得することに専念した。

イタリア料理修行の最初の二年間を、冗談めかして精神と時の部屋と呼んでいる。精神と時の部屋とは漫画『ドラゴンボール』に登場する修行部屋。その部屋での一年は外の世界の一日に値するという設定。語学学校に行くだけの毎日で、一日が過ぎるのが本当に長く感じた。一刻も早くこの状況から脱するため、死に物狂いでイタリア語の習得に励《はげ》んだ。幼い頃から勉強が大の苦手だったけれど、これほど真剣に机に向かったことは後にも先にもない。

部屋の環境もよくなかった。トイレもシャワールームもついていたけれど、小さな窓がひとつしかなく、いつかテレビで見たことのある刑務所の独房のようだった。

憂《う》さ晴らしに毎日ランニングをしていたが、運動したところで気持ちは一向に晴れず、空腹のはずなのに食欲が全く湧かない。高校生の頃はラグビーと柔道をしていて、食欲旺盛《おうせい》で体格がよかったが、八十三キロあった体重が半年経たないうちに六十キロ以下まで落ちていた。

今すぐ日本に帰りたいと毎日もがき苦しんでいたけれど、この暗黒の時代が僕の精神を強くした。もしも精神と時の部屋に戻れと言われたら、それを回避するためにどんな苦行でも乗り越えられるという気持ちになる。

海外で暮らした経験がある人と話をすると、日本食が容易に食べられないことが辛かったと口を揃えて言う。幸運なことに僕はイタリアの食文化と相性がよく、ひどいホームシックにかかったけれど、日本食が恋しくなったことは一度もなかった。イタリアンを学びに来ているのだから日本食は食べないと決め、自炊する時も店で教えてもらった料理を作り、毎食イタリアンを食べていた。

イタリアの慣習は、何年経っても理解できないことがたくさんあったけれど、食文化に関してはすぐ馴染むことができた。もしかしたら、それこそがイタリアで料理修行を続けられた秘訣かもしれない。

料理武者修行

イタリアに渡って半年が過ぎ、片言ではあったけれどイタリア語が話せるようになった僕は、無給で修行させてもらえるレストランを探し始めた。

無給でもいいと言えばすぐに修行先は見つかるだろうと思っていたが、そう簡単ではなかった。移民が多く違法就業が常習化していたイタリアでは、抜き打ちで就業許可証の監査が頻繁に入る。もし違法就業が見つかれば莫大な罰金を支払わされる。たとえ許可証を持っていても、それが偽造の可能性もある。

フィレンツェ市内のレストランを何軒も訪ね歩き、無給で修行させてもらえる店を何とか見つけた僕は、語学学校に通いながらそこでイタリアンの基礎を習得していった。

イタリアに来て一年が経った頃、仲よくなったイギリス人が、今度レストランを始めるからそこで働いてみないかと声をかけてくれた。しかも給料を出してくれるという。その誘いにふたつ返事で乗り、いよいよ仕事として料理できることになった。

給料は多くなかったが、チップがもらえたので何とか生活できるだけの収入を得られるようになった。チップは接客や食事の味に対して、お客さんが飲食代の他に心づけする慣習。お客さんからいただいたチップをホールスタッフから回収し、料理人を含めた全従業員で均等に分配するのが決まりで、それがあって本当に助かった。

働き始めた当初は拙《つたな》かったイタリア語も、仕事をしながら食材名や調理に関する言葉を毎日繰り返し聞いているうちにいつしか覚えていた。一年経った頃にはレストランの仕事に必要なイタリア語が自然と身についていた。そして、一緒に働く仲間のことをよく知ろうと努力するうちに、厨房の仕事に必要な言葉だけでなく、日常会話くらいのイタリア語が話せるようになっていた。

イタリア人は確かに適当かもしれないけれど、おおらかで人懐っこいところが最大の長所だ。日本人の僕を、壁を作らず受け入れてくれたおかげで、いつしかイタリア語が話せるようになっていた。そして料理の様々な技術や知識も、出し惜しみしないで丁寧に教えてくれた。ヨーロッパの他の国だったら、縁《えん》も所縁《ゆかり》もない日本人が突然「ここで働かせてください」と訪ねてきても、どこも雇ってくれなかっただろう。

あてもなくたった一人でイタリアに飛び出したのがいかに無謀なことだったか、今ならそれが痛いほどよくわかる。あの時の僕と同じことをしようと考えている若者と出会ったら、きっと全力で止めるだろう。しかし今は、そんな無鉄砲さに羨望《せんぼう》を抱いてしまう。若さゆえの過ちがなければ、僕はイタリアンレストランのオーナーにはなっていないはずだ。

雑誌で出合った理想のレストラン

日常会話程度のイタリア語が話せるようになり、イタリアンの基本的な調理技術を習得した頃、日本でレストランを始める時のことを考える余裕が持てるようになった。

休日にフィレンツェの様々なレストランを巡りながら、いつかこんな店を作りたいという理想像が少しずつ形成されていった。そして、頭の中で思い描く理想のレストランをこの街で見つけた時は、料理修行の総仕上げとしてその店で働くことを考えていた。

僕と同じように、フィレンツェに留学していた日本人の仲間の家に遊びに行った時のこと。彼が日本から取り寄せた雑誌『ブルータス』が机の上にあった。何とはなしにそれを眺めると、フィレンツェが特集されているではないか。ヨーロッパ旅行をする日本人が増え始めた頃で、雑誌ではとりわけ人気だったフランスやイタリアの特集が頻繁に組まれていた。

フィレンツェ特集のページをパラパラめくっていると、いつかこんなレストランを開きたいと想像していた店構えが目に飛び込んできた。市内のレストランを食べ歩いていたけれど、まさか日本の雑誌でフィレンツェの店を知るとは思ってもいなかった。

住所を手帳にメモし、早速次の休みの日にそのレストランを訪ねた。店の雰囲気、料理の味、接客、どれもが素晴らしく、食事を終える頃にはここで働く自分の姿を心の中で思い描いていた。雑誌にはオーナーの写真が載っていたので、ここで働きたいとお願いするのなら誰にそれを伝えるべきかわかっていたけれど、一旦冷静に考えようとその日は帰宅した。

一週間後、再びそのレストランを訪れて、前回とは違うメニューを注文した。

料理はどれも派手さはないけれど真摯《しんし》に作っていることがよくわかる、繊細な味覚を持つ日本人の舌も喜ぶだろう、奥行きのある佳味だ。

　前回はゆっくり見られなかったお客さんの様子、スタッフの働きぶり、店の造作などをじっくり観察したが、その全てが理想的だった。ここで働きたいという気持ちが高まっていた僕は、会計時に応対してくれたオーナーに思い切って話しかけた。

　イタリアンを習得するために二年前に日本から来たこと、いつか日本で自身のレストランを開きたいこと、ここが僕の考える理想の店であること、そして最後にこの店で働きたいことを伝えた。

「君の気持ちはよくわかった。で、来月から働けるかい？」

　オーナーのこの言葉と満面の笑みを、僕は一生忘れないだろう。

　帰国するまでの三年間、この店で働きながらレストラン経営に関するあらゆる事柄をオーナーから教えてもらった。

まさにその頃、とても嬉しい出来事があった。当時は交際中だった妻がイタリアに来てくれたのだ。以前、夏休みを利用して僕を訪ねた時、フィレンツェの街にすっかり魅了され、ここで暮らしたくなったそうだ。本当は元気のない僕を心配し、休職までしてイタリアに来てくれたのだと思うけれど、素直に嬉しかった。

当時、日本人観光客がイタリアに押し寄せていて、フィレンツェにも日本人向けの店がいくつもあった。彼女は日本語で接客ができるお土産屋で働き始め、精神面だけでなく経済面でも僕を助けてくれた。

「一人口は食えぬが二人口は食える」という言葉の通り、彼女のおかげで人並みの生活が送れるようになった。こうして僕は、ようやく精神と時の部屋を出ることができた。ずっと暗黒だったイタリア生活が、一気に明るい方向へと急転していった。

料理人になれた日

料理人は資格のない仕事である。調理師免許があるけれど、それを持っていれば料理人として仕事がこなせるわけではない。強《し》いて定義するならば、調理をする対価として給料をもらい、それで生活をしている人が料理人なのかもしれないが、それだけでは本当の料理人とは言えないと思う。

お客さんが自分の料理を美味しいと感じ、食事の時間を心から楽しんでくれるようになった時に、初めて料理人と名乗ることができると僕は考えている。はっきりと、自分が料理人になれたと実感した瞬間がある。それはイタリア料理修行の三年目のことだった。理想のレストランと出合い、店で出す料理も全て会得した頃、シェフが急用で休みの日があった。そんな時に限って、いつにも増して店は混雑していた。次々と注文が入ってくる中、僕はコックやウェイターを仕切りながら料理を作り続けた。

その日初めて、自分のためではなく、誰かのために働きたいという気持ちが芽生えた。その瞬間、自分は料理人なのだという自覚が生まれた。料理がうまく作れるだけでは料理人とはいえない。お客さんはもちろん一緒に働く仲間たち、もっと大きな視点で見れば、この街のために働いているのだ。それに気づいたことで、それまでは面倒だと思っていた掃除などの雑務も、自分のこととして進んでできるようになった。それらは全て、心地よい食の時間を楽しんでもらうために大切な事柄。そして料理修行は苦しいものではなく、自分が店を始める時に必要なことが吸収できる、ありがたい学びの時間なのだと理解した。

そう考えられるようになったことで、理想とするレストランの姿がより明確になった。ただ美味しい料理を提供するだけではない、美味しい匂いがするレストラン。それが僕の目指す場所だ。

オーナーから学んだ大切なこと

オーナーは日本人である僕と分け隔てなく接してくれた。それはおそらくオーナー自身の経験が多分に影響している。オーナーは若い頃、アメリカで暮らしていた。移民大国とはいえ、きっとたくさんの差別を受けたはずだ。外国で暮らす大変さをよく知っていたから、日本から来た僕に優しく接してくれたのだろう。

知見が深く、常に広い視野で物事を見ていた。当時もうすぐ六十歳という年齢にもかかわらず活動的で若々しく、新しい事柄や若い人たちを積極的に受け入れ、常に前向きだった。

仕事も趣味も全力で楽しむその姿勢に、僕は大きな影響を受けた。仕事以外で助言をもらったことはないけれど、しっかり働いて思い切り遊んでこそ豊かな人生が送れることを、その後ろ姿から学んだ。

無数のレストランがひしめくフィレンツェで人気を保ち続けていたのは、オーナーの立ち振る舞いや人柄によるところが大きかった。美味しい料理が食べられるのはもちろんのこと、ここに来ればいつだって楽しい時間が過ごせる、それを期待して皆がレストランを訪れていた。料理の腕があるだけでは店を繁盛させることはできない。通いたくなる特別な何かが必要なのだ。

実際、料理を目当てに来る人よりも、オーナーや店のスタッフたちに会うため店を訪れる人の方が多かったように思う。オーナーはテーブルをくまなく回り、お客さんと一緒になって楽しく語らうこともしばしばだった。

しかしながら、初めてのお客さんが入りにくい雰囲気は皆無で、常連だけでなく誰をも歓迎する空気を上手に作り出していた。人との距離感の妙《みょう》、それはレストラン運営においてオーナーから最も影響を受けたところかもしれない。自宅に招くような感覚でお客さんと接する姿勢は、僕の店作りの原点とも言える。

店長になりませんか

精神と時の部屋から始まったイタリア修行だったが、オーナーとの出会いもあり楽しい毎日を過ごしていた。

家庭の事情で彼女が帰国し、僕もそろそろ日本に戻ろうと考えていた。しかし、イタリアの暮らしにもすっかり慣れ、もう少し滞在を続けたい気持ちもあった。もし彼女がそのままイタリアに残っていたら、ここで一生暮らしてもいいとさえ思っていた。それほど肌に合っていたけれど、両親と約束していた四年間はとうに過ぎていた。途中ビザの都合で一時帰国していた期間もあったが、五年間もイタリアで過ごしてしまった。

僕はその時、二十五歳を迎えようとしていた。

そろそろ日本に戻らないといけないと考えていた頃、ファッション展示会のため年に二回フィレンツェを訪れ、その度レストランに足を運んでくれる日本のアパレル会社の人がやってきた。すっかり顔馴染みだったので厨房から顔を出したところ、挨拶もそこそこにこう話し始めた。

「原宿にイタリアンレストランを出す計画があって、そこで店長として働いてくれませんか」

詳しく聞くと、開店までの準備を含めて、店長件シェフとして店の運営を全てお願いしたいという。

自分の店を持つことを目標に掲げていたが、高校を卒業してすぐイタリアに出た僕は、日本で働いたことが一度もなかった。だから、まずは日本のレストランで働きながら運営を学び、それから自身がオーナーを務める店を始めたいと考えていた。その誘いは、それができる絶好の機会だった。しかもオーナーではない立場で、レストランをゼロから立ち上げる経験もできる。これまで学んだことを実践に移す機会がいよいよやってきたのだ。

もうひとつ背中を押したのは、僕が働きやすいスタッフを集めてほしいと言ってくれたことだった。イタリアに料理修行に来ていた信頼できる日本人の仲間三人に声をかけたところ、全員が帰国して一緒に働きたいと言ってくれた。弟もイタリアに料理修行に来ていたが、そろそろ帰国して日本で働くことを考えていた。

イタリアンレストランを作ろう

僕がオーナーのレストラン

帰国した僕は、無我夢中でレストランの立ち上げに取り組み、よちより歩きではあったけれど店を運営し始めた。

三年後、常連客もついて順調に店が回り出した頃、会社の経営方針でレストランの閉店が決まった。閉店の話を聞いた時、僕がオーナーを務める正真正銘自分の店を始める順番が回ってきたと思った。原宿で三年間店長として働き、毎日のように通ってくれるお客さんもできたことで、レストランを経営できるという小さな自信が芽生えていた。

自身のレストランを始めることを決心した頃、原宿の店の立ち上げから共に働いてきたコックに、共同で店をやらないかと伝えた。信頼できるパートナーで、これからも一緒に仕事がしたかったのだ。すると彼は間髪入れず僕にこう言った。

「僕はコックとしてこれまで通り働くから、正一郎くんがレストランのオーナーになってよ」

僕はその言葉を素直に受け入れることができた。自身がオーナーのイタリアンレストランを始めるためにイタリアまで料理修行に出たのだ。僕はその初心をずっと忘れてはいなかった。

イタリア修行時代からこれまで五軒のレストランで働いてきたが、その中の三店舗で新規開店を経験したことはとても幸運だった。その大変さを理解した上で、何から準備を始めて、どう進めていけばいいかという知識と経験があった。

自営業の先輩である父に相談すると、自分の店を持つなら早いに越したことはないという力強い言葉が返ってきた。調理技術や店舗運営の知識は後からでも得ることはできるけれど、開店する機会はなかなか訪れない。自分の店を持つ挑戦をするのに、二十八歳は若すぎることはないと全力で背中を押してくれた。

はじめは土地勘のある栃木でレストランを開店しようと考えていた。実家を出てからずっと借り暮らしをしているような心持ちで、ホームと呼べる場所は生まれてから十八歳まで暮らした栃木だと思っていた。

ここで再び父が助言をくれた。

「せっかく原宿で三年間続けたのだから、栃木ではなく原宿からそう遠くはない場所で挑戦してはどうだろう。地元に戻ることはいつでもできるから、若いうちに東京で腕試ししてみるといいよ」

それ以上のことは何も言わなかったけれど、原宿で軌道に乗り始めたイタリアンレストランを引き継ぐ形で開店した方がきっとうまくいくという、経営者としての勘が働いたのだと思う。

父が鼓舞《こぶ》してくれたおかげで、東京でレストランを始める決心が固まった。そうしていよいよ、スタートラインに立つための準備が始まった。

暮らしがある場所を求めて

東京に土地勘がなかったので、まずは原宿駅周辺で物件を探し始めた。しかしながら、どう背伸びをしても僕には手が出ない金額で、誰もがその名を知る人気繁華街での出店を早々に諦めた。

原宿で三年間働いてみて、土曜日曜は観光客で人の波が途切れないが、周辺に住んでいる人が少ないためか、平日は割合静かな場所であることがわかった。それもあって曜日に関係なく来店してもらえる、人の暮らしがある場所がいいと考えた。

オーナー会社の事務所が代々木公園駅の近くにあり、週に一度打ち合わせで訪れていた。そのため、その周辺は少しだけ馴染みがあった。

全く未知の街より安心できるという理由で、次に代々木公園駅を中心に物件を探し始めた。原宿駅や渋谷駅からそう遠くない場所で、きっとこの街も賃料は高いに違いないと予想していたが、思ったほどではなかった。何軒かの不動産屋を巡り、代々木公園駅と代々木八幡駅、ふたつの駅からほど近い物件を見つけた。ここなら家賃も何とかなりそうだ。

打ち合わせでこの街を訪れていた頃から人々の暮らしがあることを感じていたけれど、それをしっかり確認したい。平日と土曜日曜、それぞれ朝昼夕の三つの時間帯、契約を検討している物件の近くで人の流れを観察することにした。

物件前の道は駅までの通勤通学路になっているようで、平日の朝と夕方はとりわけ人通りが多い。近隣に会社もあるようで、飲食店が少ないためか昼食時はどこも会社員らしき人たちで混雑している。土曜日曜は、代々木公園に向かう途中とおぼしき小さな子供を連れた一家など、近くに暮らす人たちが数多通行している。

渋谷というと渋谷センター街周辺の騒がしい印象が強いが、同じ区内でも代々木公園周辺はそれとは全く表情の違う閑静な住宅街。明治神宮を中心に、都心の中でも緑豊かな地域のひとつとして知られている。しかも原宿駅まで歩いて行ける距離で、前の店の常連にも来店してもらえる場所だった。これまでの常連が来てくれるとしたら、新店舗ながら四年目のような感覚で始めることができる。

この場所なら平日休日関係なく、平均して来店してくれるだろう。それでもまだ確証が持てなかった僕は父に連絡した。実際に物件と街の様子を見てもらい、レストランに向いているかを判断してもらいたかったのだ。

ずっと商売をしてきた父は、立地と人の流れ、物件の坪数と賃料を見て、ここで店を開いたら絶対にうまくいくとお墨つきをくれた。

原宿のレストランの同僚が一緒に働きたいと言ってくれたことも心強かった。皆年齢も近い気心の知れた仲間たち。僕が場所さえ作れば、結束力のある皆と一緒に楽しくレストランを続けられる状況が整っていた。

レストランを開店するために、もうひとつ解決しなければならない課題があった。それは開店資金だ。飲食店を始めるにはどうしてもある程度のお金が必要になる。自分の貯金だけで開店するのは無理だったので、自営業をしている両親、そして公庫から借り入れをして、何とか開店に必要な資金を用意できた。

独立するお金が貯まってから店を始めようと考える人が多いと思う。しかしそれは現実問題としてとても難しく、開店できないまま飲食店勤務を長年続ける知人をこれまで何人も見てきた。

僕は、自分のレストランを借金して買ったという気持ちだった。自分が想像していたよりも時期は早かったけれど、一番ほしいものだったから、お金を借りることに迷いはなかった。それを躊躇《ちゅうちょ》しているうちは店を持つ覚悟がまだできていないのだと思う。

ふたつの記念日

二〇〇三年六月六日と一年後の二〇〇四年六月六日、今でもその両日を昨日のことのように鮮明に覚えている。

事前準備が整い、開店日が妻の誕生日でもある六月六日に決まると、チラシやショップカード、メニュー作りに取り掛かった。プロに頼みたかったが金銭的に余裕がなく、パソコンソフトの使い方を必死に覚えて、不慣れながらどうにかこうにか自身でデザインした。

これまでいくつかの店舗の立ち上げに関わり、食材の仕入れ先と交渉したり、メニューを考えたり、調度品や食器類を準備したことはあった。しかし店舗経営においては素人同然。同じ開店準備でも、オーナーとなるとやらなければならない細々とした作業が無数にあって、開店日に絶対間に合わないと思うほどだった。朝起きてから夜寝る直前まで、ずっと店のことだけを考え、必死に走り続けていた。目が回るほど忙しかったけれど、苦痛を感じることは一瞬たりともなかった。この時ほど、自身の持てるものを全て注ぎ込んだことはない。火事場の馬鹿力ともいうような、自分の能力を遥かに超える力を出すことができた。振り返ると、事前準備から開店までのこの期間、レストランは最高に楽しい仕事だと心底から感じていた。

ついに迎えた開店当日。前日夕方には全ての準備が整っていたけれど、余裕をもって朝早く出勤した。そして、まだ一度も使っていない眩《まぶ》しいほど真新しい店内を、もう一度ピカピカに掃除した。これまで開店日を三回経験してきたが、自身がオーナーの店となると心持ちが全く違う。新居に初対面の人を招き入れるような気分で、ソワソワして落ち着かない。

それ以前に、お客さんが来てくれるのだろうか。心配を払拭すべく、お客さんでいっぱいになった店内を想像しながら、念入りに準備した。万端整ったはずだが、何か大事なことを忘れているような感覚が何度も襲ってきた。

いよいよ開店時間。以前の店の常連たちに開店日を知らせたり、皆で手分けしてチラシを配った努力が実り、開店間もなくカウンター席までびっしり埋まった。できるだけ早く料理を提供しようと全員が必死で、お客さんとゆっくり会話する余裕さえなかった。大袈裟ではなく、開店初日のランチタイムは一瞬で終わったと感じた。

夜の営業もたくさんのお客さんが訪れてくれた。昼にも増して前の店の常連が来てくれて、皆が僕の顔を見つけると
「相場さん、開店おめでとう！」

と嬉々として声をかけてくれた。まるで自分の店が開店したかのように喜んでくれたのだ。

「開店初日から僕のレストランにお越しいただき、ありがとうございます」

そう返した時、自身がオーナーの店が開店したことを実感し、初日から満席になった嬉しさがじわじわと込み上げてきた。

お客さんを見送るため入り口の外に出て、ふと満席になった自分の店を眺めた。暗闇の中にほんのり放たれる柔らかなオレンジの光と、人の熱気でモクモクと曇ったガラス扉の先に見えた皆の笑顔。これほど美しい光景を見たことはない。この瞬間を迎えるために、一人イタリアへ旅立ち、真剣に料理と向き合ってきたのだ。

その一年後、二〇〇四年六月六日の日曜日。妻の三十歳の誕生日のこの日、知人友人を店に招き、僕たち夫婦の結婚パーティーを開いた。

イタリア料理修行を乗り越えられたのも、自身がオーナーのレストランを開店できたのも、そして店を一年続けることができたのも、全て妻のおかげだ。彼女がいなかったら、レストランを生業にできなかっただろう。店が一年続き、ようやっと披露宴ができたこの日が、僕にとっての本当の開店日になった。

居心地のいい場所作り

街の人たちから認められるために

原宿のレストランの常連が訪れてくれて、順調にスタートを切ることができた。もし栃木で始めていたら、開店早々から来店してもらえなかっただろう。東京で店を始めることを勧めてくれた父に心から感謝した。

当初から賑《にぎ》わっていたことが街の人たちに安心感を与えたようで、近隣の人も次々と訪れてくれた。開店時の大盛況が一段落した後も引き続き来店してくれて、秋から年末にかけて好調は続いた。しかしどういうわけか、年が明けると客足がピタリと止まってしまった。

正月から店を開けたものの誰一人来店してくれない。新春の東京は帰省する人が多く、閑散としていることは今なら当然のように承知している。店長をしていた原宿の店は、明治神宮に初詣に来た帰りに立ち寄る人が多かったこともあり、僕たちはそれを経験していなかった。明治神宮からの距離はさほど変わらないけれど、住宅地が中心の代々木公園周辺と、商業地の原宿は人の流れが全く違った。

正月休みが終わっても以前ほどの客入りはなく、混雑するランチの時間さえ空席になる日が続いた。一月から二月にかけて売り上げが減るのは、飲食業に限らず日本のあらゆる業界の常識だけれど、僕はそれさえ知らなかった。

春に向かって少しずつお客さんは増えていき、何とか一周年を迎えることができた。二年目も順調に客足は増えていったが、去年の二の舞にならないよう、ある仕掛けを考えた。十二月に一定額以上の食事をしてくれたお客さんに割引券を渡すことにしたのだ。割引額は思い切った金額にして、有効期間は去年来店数が激減した年明けから二月に設定した。割引券を渡すだけでは意味がない。それを持って、店が暇になる時期に来店してもらうのが目的だ。それが功を奏し、一月からたくさんの常連が足を運んでくれた。

ハッピーアワーと称し来店者が少ない時間帯に割引をするのは、たまたま通りかかった人が初めて来店する動機づけにはなるかもしれない。しかしそういう目的で割引をしたくなかった。普段から店に通ってくれる常連に還元したいという気持ちが大きかった。

それはイタリアでお世話になったオーナーから学んだことが大きい。フィレンツェは観光地なので一回きりのお客さんも多い。そういうお客さんももちろん大事にしていたが、オーナーは週に何度も通う常連をより大切にしていて、わかりやすい割引という形で感謝を伝えていた。

実家の惣菜屋は、割引はしていなかったけれど近所の人たちに毎日通ってもらえるよう、お財布に優しい値段で提供する努力を常にしていた。

このふたつの事柄から、街の人にとってなくてはならない存在になることが、店を長く続けていく上で何より大切だと学んだ。そのために僕が考えたひとつが、常連へ感謝を伝える割引券だった。

イベントもやるレストラン

開店して三年間は無我夢中で走り続けていたが、思い描いていたようにはお客さんが増えていかなかった。経営は少しだけ安定してきたけれど、自信を持って好調とは言えず、このまま続けていても新しい仲間を迎えることも、次に繋がる挑戦もできない。つまりは停滞していたのだ。

現状を変えたいと思った僕は、新しい試みをしようと考えた。レストランという枠組みを超えた自由な発想で、もっとたくさんの人に来店してもらうための挑戦をしよう。まずは、この場所にイタリアンレストランがあることを知ってもらう必要がある。認知度を上げることが狙いならば、店を訪れる動機が飲食でなくてもいいのではないだろうか。

編み物であったり楽器であったり、様々な事柄でプロ級の腕前を持つ常連が何人もいた。そんな常連たちに、混雑しない時間帯に店でワークショップをやってもらえないかと相談したところ、その提案を快諾してくれた。受講料は全額講師に渡し、参加者には飲み物を注文してくれると嬉しいとだけ伝えたが、基本的にそれも自由にした。

店を知ってもらうことが目的だったけれど、ドリンクだけでなく食事をしてくれる人も多く、次第に両方を楽しみに参加してくれるようになった。そして僕自身も、開催されるワークショップに積極的に参加した。すると、一緒にものを作ったり楽器を演奏することで心の距離が近くなり、ワークショップ以外の日に食事をしに来店してくれる人が増えていった。

しかしスタッフたちには不評で、いくら丁寧に趣旨を説明しても一向に理解してもらえなかった。どうしてレストランで編み物をしたり楽器を演奏するのだろうと、一様に困惑の表情を浮かべていた。レストランなのに料理とは一切関係ないことを始めたのだから、そういう反応をするのは当然だろう。

ワークショップは僕が想像もしていなかった展開を生んだ。楽器演奏から音楽家との繋がりが生まれ、店でライブイベントを開催するところまで発展していった。今ではカフェなどでライブをすることは珍しくないが、その頃はまだ少なかったように思う。ライブ観覧のために初めて店を訪れた人が後日、食事をしに再訪してくれることもしばしばで、そこから新しいお客さんの輪が広がっていった。

いつからか、僕の店はカルチャーを発信するレストランと言われるようになっていった。意図してそうなったわけではなく、店の存在を知ってもらいたいという一心で始めたことが起点となり、自然とそう呼んでもらえるようになった。

飲食とは何の関係もないことを始めたのは、あのレストランに行けば楽しい何かがあると感じてもらうための、小さいけれど大きな一歩だった。レストランは食事を楽しむだけではない、人と人との繋がりを生み出すことができる、無限の可能性を秘めた場所なのだ。

心地よい時間を過ごすための場所

もうひとつ、ワークショップを始めたことによる偶然の産物がある。それは、僕の趣味嗜好《しこう》に共感してくれるお客さんが自然と増えたことだ。常連にお願いして始めたワークショップだったけれど、僕自身が関心のある趣味を持つ方にお願いしていて、自分の好みが色濃く反映されていた。

いろいろなお客さんに来てほしいけれど、僕がオーナーの個人店である以上、誰にでも好まれる、いわゆる万人受けする店にすることは難しい。けれど僕と近い感覚を持つ人には深く共感してもらえるはず。闇雲に動いたところで、そういう人たちに僕の店を知ってもらうことは難しかった。

目を料理の味にだけ向けていたことが停滞の原因だったように思う。心地よい時間を過ごすための場所という広い視点でレストランを見ることができるようになったのは、ワークショップを始めた最大の成果だった。

レストランはこうあらねばならないという固定観念をなくし、快適に過ごせる場所にするために必要なことは何だろうと真剣に考えるようになった頃から、新しいお客さんが増えていった。起爆剤になるようなことはなかったけれど、きっと僕のレストランを心地よいと感じてくれる人の輪が少しずつ広がっていったのだと思う。そして、表面上のこだわりはどんどんなくなり、芯となる大切な事柄だけに注力するようになっていった。

レストランを広い視野で見られるようになった時機から、他の飲食店のメニュー作りや店舗リニューアルの企画立案、雑誌やウエブのレシピ考案など、食にまつわる多様な依頼をいただくようになった。書籍作りもそのひとつで、レストランのオーナーの枠を超えて様々な仕事ができることがとても嬉しい。

いただいた仕事は貪欲《どんよく》に受けたいと考えている。小説家で紀伊國屋《きのくにや》書店の創業者でもある田辺茂一《たなべもいち》の名言に「囃《はや》されたら踊れ」というものがある。乗せられたらとことん乗ってやれという意味で、落語家の立川談志《たてかわだんし》もよく弟子にこの言葉を語っていたそうだ。

レストラン運営とは直接関係ないように見える仕事でも、その経験は確実に店にいい影響を与えている。これからも柔軟な視点で物事を捉え、レストランをよくすることに繋がる仕事には積極的に挑戦していきたい。

LIFE
"LIFE" AND "SLOWFOOD"
ITALIAN RESTAURANT
ISUTITUTO SUPERIORE DI GASTROMIA
SLOW FOOD
SLOW LIFE
GOOD LIFE

Future
Shock

Olten-Hammer, grosser Saal
and White
EINE ATTRAKTIVE, EINMALIGE MUSIC HALL SHOW
MIT DEN
Peters Sisters
WELTBEKANNT AUS DEM FILM «NOUS IRONS A PARIS»
MIT DEM
HAZY OSTERWALD SEXTETT
MIT DER
LITTLE WALTER FAMILY
DEN ATTRAKTIVEN MUSICAL-COMEDIANS AUS LONDON

LIFE
ITALIAN RESTAURANT

Casa di
montagna
Italiana
Future
Shock
by Alvin

Specialita
※ディナータイム限定です※
¥600
¥1,380
¥2,500
パテ・ド・カンパーニュ
¥1,080
¥1,850
¥2,500
S ¥1,150
M ¥1,750
¥900

OPEN

LIFE
TRAT
IA
ESTD
2003
1.9.19
YOYOGI.TOKYO

LIFE son
BREAD & MOUNTAIN
Come in AND Warm
yourself up with
Our THOUGHTFUL
LIFE Son

LIFE
Son

PLEASE
Come in AND Warm
yourself up with
Our THOUGHTFUL
"MEAL"
LIFE
son

co westerik
stedelijk museum
msterdam
eptember t m 7 november 1971

TARTINE BREAD
KINFOLK
LIFE
SON
boncaffe

LIFE son
BREAD & MOUNTAIN DISHES

sea
sea
sea
sea
sea
sea
sea

SEA

RESTAURANT
NATIONAL PARK

Open

残したい味

イタリアのレストランを大別《たいべつ》すると、高級店のリストランテと、いわゆる街の食堂のトラットリアがある。トラットリアは元々、地方料理や家庭料理を出す個人経営の店の呼称である。店を始めた頃はイタリアンの基本を忠実に守っていたが、次第にお客さんの舌に合うようほんの少し手を加えた、僕にしかできないイタリアンを自由な発想で作るようになっていった。それはまさに、トラットリアの本来の姿だった。

　イタリア料理修行で学んだ伝統の味もあれば、二十年の間に誕生した新しい味もある。数多あるメニューの中から、ずっと残したい僕の店の定番をいくつか紹介したい。

レバーペースト

フィレンツェはイタリア半島の中西部、地中海に面したトスカーナ州の州都。トスカーナ料理は、簡素な調理方法で食材が持つ旨味を最大限に引き出したものが多い。ゆえにアンティパストと呼ばれる前菜が充実しており、これがトスカーナ料理の基本となっている。

前菜の定番のひとつが、イタリア語で小さなトーストの意のクロスティーニ。バゲットにペーストや野菜などを載せて食べるもので、僕のお気に入りの具材はレバーペーストだ。フィレンツェのディナーの席には赤ワインが欠かせず、それによく合うおつまみとして最初に出されることも多い。

店ごとに特徴はあるが、基本として鶏レバー、アンチョビ、ケッパー、タマネギが入っている。僕のレストランではそこに生クリームも加える。そうすることで鶏レバー独特のクセが不得手な人でも食べやすい、柔らかな風味になる。

僕はよくパスタソースに活用している。パスタにレバーペーストとバターをよく絡めるだけ。他の具材がなくても、滋味深い味に仕上がるのだ。

レモンミントの生パスタ

せっかくイタリアまで来たのだから、トスカーナの名物料理をしっかり身につけて帰国しようと、それに全力を注いでいた。しかし、その前向きな気持ちが料理の幅を狭めていたのだが、僕はそれに少しも気づいていなかった。

ある休日、雑誌で見つけたレストランを訪ねると、他店では見たこともないパスタがメニューに載っていた。大きな文字で書かれたそのパスタはこの店の名物のようで、隣のテーブルの常連らしき客も注文している。

興味本位で頼んだトスカーナ料理らしくないレモンミントの生パスタは、僕のイタリアンに対する考え方を一変させた。イタリアンには違いないが、他の店では絶対に味わえない独自の料理。簡素な見た目と風味ながら絶品なのだ。一心不乱に味わいながら、修行の総仕上げとしてこの店で働きたいと思った。

この出合いがなければ、僕のイタリアンはきっと違うものになっていたと思う。イタリアンはこうあらねばならないと視野が狭くなっていた僕に、料理は自由に楽しむものだと、このパスタは教えてくれた。

野菜のグリル

野菜を焼いてジュノベーゼソースをかけただけの、至って簡素な料理。しかしながら僕がイタリアで食べた中で、その美味しさに最も驚いたメニューがこれだ。イタリアの野菜は日本のものに比べて味が濃く、旨味が凝縮されている。日本だけでなく諸国と比べても、イタリアの野菜の味は世界一だと思う。

修行先で僕が最初に担当したのが野菜のグリルだった。野菜を洗い下準備をして、開店から閉店まで焼き続ける。おかげで旬の美味しい野菜を瞬時で見分けられるようになり、旨味を最大限に引き出す焼き方のコツのようなものを体に染み込ませることができた。ただ焼くだけだが、野菜ごとに火から下ろすタイミングが微妙に異なる。料理修行の最初にそれが習得できたことは大きな収穫だった。

イタリアでは野菜のグリルが人気で、下準備しておいた分がみるみるなくなっていく。しかし日本では頻繁に注文が入るメニューではないので、事前に準備しておくと新鮮さが損なわれてしまう。そのため僕の店では注文が入ってから野菜を切り、素早く調理する。簡素な料理がゆえに鮮度が味を大きく左右するのだ。

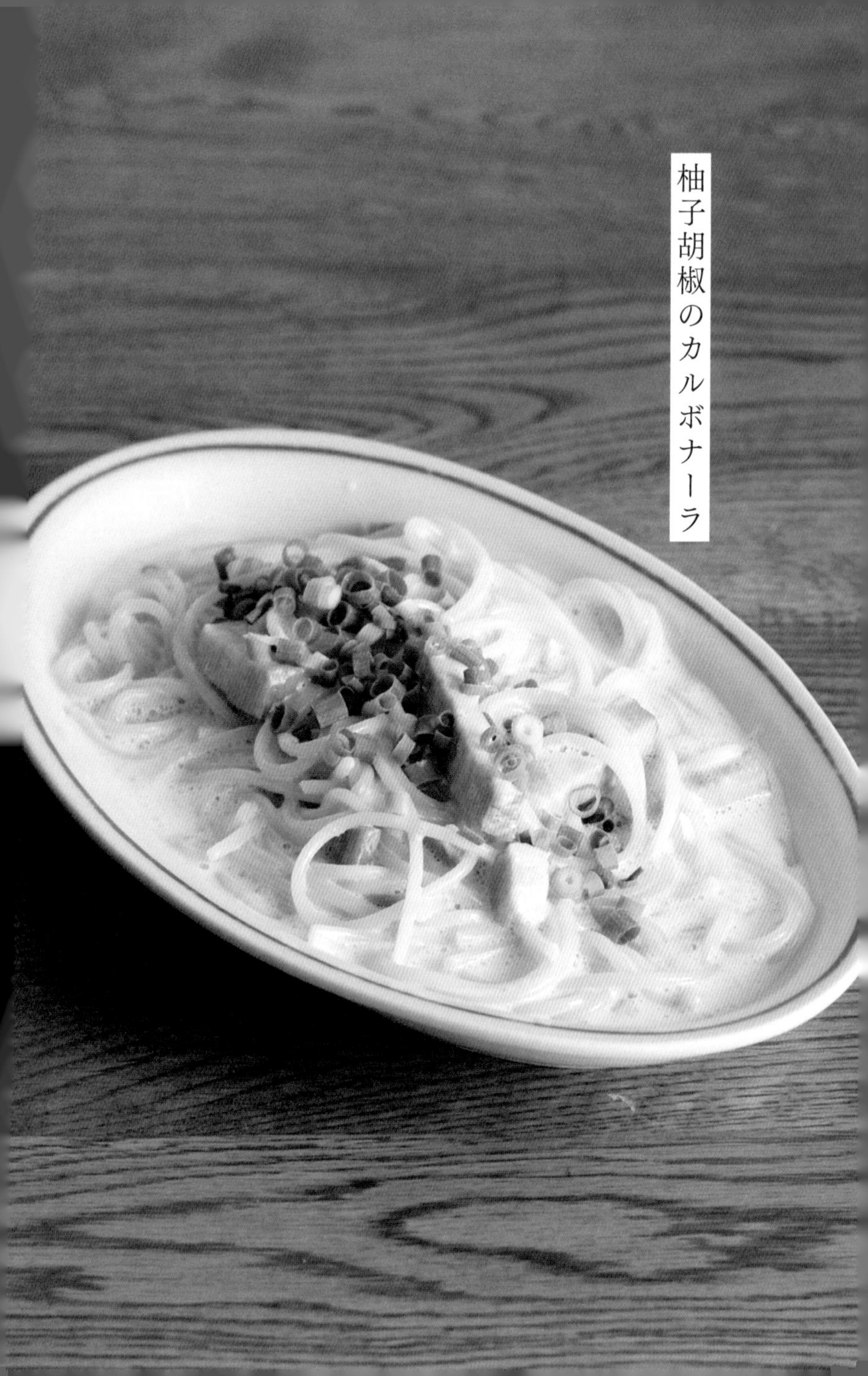

柚子胡椒のカルボナーラ

高校を卒業してすぐ修行に出た僕は、イタリアのレストランで学んだことが基本となっていて、今もそれが心底まで身についている。片や弟は、イタリアに行く前に実家の惣菜屋と専門学校で日本の調理方法をしっかり学び、そこが料理人としての原点になっている。

和の調味料である柚子胡椒《ゆずこしょう》と、イタリアンのカルボナーラを組み合わせたこのメニューを弟から提案された時、絶対に合わないだろうと思った。しかし試作したものをひと口食べた瞬間、今まで体験したことのない旨味に驚いた。紛れもなくイタリアンだけれど、柚子胡椒の風味がしっかり活きている。

このメニューは店を訪れたイタリア人からも大好評だった。これを食べたくて店を定期的に訪れる常連も多く、すっかり看板メニューになっている。

僕はイタリアで学んだ基本からなかなか外れることができないが、弟は自由な発想でイタリアンを考案できる柔らかい頭を持っている。この先も、僕には絶対に思いつかないメニューを生み出してくれることを楽しみにしている。

トリッパの煮込み

独特のクセがあって不得手だと感じていた料理が、ある時から急に食べられるようになることが何度もあった。そういったものほど、一度その魅力を知ると深みにはまっていき、いつしか大好物になっていることが多い。

イタリアで口にした料理はどれも美味しく、食べられないものはひとつもなかった。その中で唯一、少しだけクセがあるなと感じたのがトリッパの煮込みだった。トリッパとはイタリア語で胃袋を意味する言葉。日本では蜂の巣に似ていることからハチノスと呼ばれる、牛の第二胃。それこそが、不得手が反転して大好きになった料理だった。

下処理が面倒だけれど、それでも食べたい奥深い味。最初はそのクセが得意でなかったが、いつしかそこを好きになり、知らず癖になっていた。

フィレンツェではパンにサンドしたパニーニが街の至るところで売られている。「名物に旨い物なし」ということわざがあるが、本当は真の美味しさが理解されていないだけなのかもしれない。トリッパの煮込みはまさに、そんな名物だろう。

トマトソース

日本ではトマトを生のままサラダとして食べることが多いが、イタリアでは加熱調理するのが一般的だ。ゆえに味に大きな違いがある。生で食べるのなら、日本のトマトは世界有数の美味しさかもしれない。しかしトマトソースにする場合、水分が多く上手に仕上げることが難しい。イタリアのトマトは加熱調理に最適で、トマトソースにするのならイタリア産の右に出るものはないだろう。

イタリアの人たちにとってトマトは、毎日の食事に欠かせない野菜の王様ともいえる存在。トマトはイタリア語でポモドーロというが、その語源は古代イタリア語でリンゴの意のポモと、黄金の意のドーロ。つまり黄金のリンゴという意味である。ヨーロッパでは価値のある野菜をリンゴと呼んでいたそうだ。

日本のトマトを使い、できうる限りイタリアの味に近づけるために試行錯誤し、ようやく独自のトマトソースが完成した。隠し味に甘味を加えると、イタリアのトマトに匹敵する美味しいソースに仕上がるのだ。少しの工夫をすることで、味が大きく変わることを実感したメニューでもある。

キッシュ風卵焼き

幼い頃から卵料理が大好きだった。中でもお気に入りが出汁巻き。寿司も玉子が好きで、好きなネタを選べと言われたら、散々迷った挙句、玉子を選ぶだろう。店を始める時、前菜の盛り合わせに卵を使ったメニューをひとつ入れたいと考えた。僕が修行したレストランに卵料理の前菜はなかったが、大好物の卵を使い、僕らしいイタリアンを表現したいと思った。海外では卵は加熱して食べるのが常識だが、日本は生で食べることも多く、そのため新鮮で美味しいものが手に入る。その点でも、日本の良質な食材を活かした前菜として最適だ。

前菜に考えたのが、キッシュ型に流し込み焼いた、タルト生地を使わないキッシュ風の卵焼き。キッシュは、タルト生地の中に卵と生クリームと具材を入れて焼いたフランスの郷土食だが、イタリアでも前菜としてよく出される。

イタリアで出合ったキッシュと、大好きな出汁巻きを掛け合わせ、そこに僕の考えるイタリアンの要素を加えてこのメニューが完成した。今や僕の店の前菜盛り合わせの主役になっている。

ゴルゴンゾーラピッツァ

イタリアから帰国したばかりの頃、チーズピッツァといえば日本にはクアトロフォルマッジしかなかったと記憶している。イタリア語で四種のチーズを意味し、四つの異なるチーズがトッピングされている。

店の名物になるような新しいチーズピッツァを作ろう。そう思い立ち考えを巡らせる中、ふとイタリアの食卓を思い出した。イタリア人はよくゴルゴンゾーラをハチミツと一緒に食べていて、僕もこの組み合わせが大好きだった。ふたつを合わせたら最高に美味しいピッツァができるに違いない。

ゴルゴンゾーラの上にたっぷりのハチミツを載せた芳《かぐわ》しいピッツァを口に含んだ瞬間、優しい甘味が一気に広がっていった。甘さの中にゴルゴンゾーラのほのかな塩味も感じられ、一切れで幾重もの豊かな美味が楽しめるのだ。

こうして、ピッツァだけれどスイーツのようでもあり、白ワインと合わせても最高に美味しい新メニューが完成した。塩味と甘味が混在する料理が不得手な人も多いが、そんな人にもこのピッツァは大好評だ。

ブッラータ

ブッラータは、モッツァレラを作る際に出てしまう余り部分を再利用しようと考案されたチーズ。イタリア南部のプーリア州で誕生したそうだが、僕がイタリアで暮らしていた頃は一度も目にしたことがなかった。賞味期限が短く、フィレンツェまでその存在が届いていなかったのだろう。僕がブッラータを知ったのは帰国してから。輸入食料品店で見つけて食べてみたところ、濃厚ながらすっきりとしたクセのない佳味にすっかり魅了された。

日本ではある食品が流行すると、それを真似て様々な店で売られるようになる。しかし流行は一瞬で終わり、また次の人気者が登場する。イタリアをはじめヨーロッパ諸国ではそういうことはほぼない。それは土地の食文化と生産者を守ろうという思考が、無意識のまま人々に根づいているからだろう。

ブッラータを作り始めたのは、この豊かな味を店の定番にしたいという考えからだ。たとえブームになり、それがすぐ冷めたとしても、僕はずっとブッラータを提供したい。食べ物は流行ではなく文化なのだ。

ランチプレート

イタリアのレストランで僕が一番好きな料理は、前菜の盛り合わせ。店ごとに特色があり、季節の食材に合わせ頻繁にメニュー内容が変わるのも嬉しかった。コースで注文すると一品ずつ提供されるが、前菜の盛り合わせは一皿で色々な味覚が楽しめるところが好ましい。料理修行時代はまだ若かったこともあり、最初に運ばれてくる前菜の盛り合わせで一刻も早く空腹を満たしたいという気持ちも大きかった。

開店当初からランチをワンプレートで出しているが、それはイタリアの前菜の盛り合わせの影響が大きい。色とりどりの味がこんもり盛られた大皿が眼前に置かれた瞬間のワクワク感と、それらを自分の好きな順番で味わう自由な食事を存分に楽しんでほしいと考えた。

毎日メインメニューを変えているが、それもイタリアの前菜の盛り合わせを踏襲《とうしゅう》している。旬の食材を、新鮮なうちにお客さんに味わってもらいたい。それを実践していたら、いつしかメインメニューを毎日変えるようになっていた。

ライフサラダ

イタリアは野菜の味が濃いので、オリーブオイルとバルサミコ酢をかけただけの簡素なサラダが多い。そこにツナのオイル漬け、いわゆるツナ缶を添えていただくこともある。イタリアのツナ缶は身が大きく、しっかり食べ応えがある。

店を始める際、定番になるようなサラダメニューを加えたいと思った。試しにイタリア産のツナ缶を使い、日本の野菜を使って同様に調理してみたが、味にパンチが足りない。日本の野菜でイタリアの味を再現するのは難しいと判断し、ツナ以外の食材を合わせてみようと考えた。しかし素材の味をそのまま生かすトスカーナ料理の基本は踏襲したかったので、必要以上に手を加えないようにした。

いろいろと試す中で偶然生まれた組み合わせが、旬の葉野菜、生ハム、ゆで卵を崩したもの、パルミジャーノ・レッジャーノ。イタリアのサラダ同様、素朴ながら奥行きのある味に仕上がった。店名を冠したこのサラダを、開店日から一度もレシピを変えることなく作り続けている。質素だけれど毎日食べても飽きることのないこのサラダは、僕が目指すレストランの姿そのものなのかもしれない。

レモンクリームケーキ

三年に一度くらいの割合で、定期的にイタリアを訪ねている。新しいイタリアンを味わうことがその目的で、滞在中に出合った佳味を元に、僕なりのアレンジを加えた新メニューを考案してきた。以前は馴染みのあるフィレンツェ近郊に行くことが多かったが、未知の味を求めて南部の街を訪れるようになった。

イタリアを再訪する機会が巡ってきた時に選んだ場所は、南部のアマルフィ海岸。美しい海岸線で知られるこの街は世界遺産に登録されており、地中海地方有数のレモンの産地でもある。そこで出合ったのが、日本のそれとは形も味も異なるレモンケーキ。ドーム型のスポンジケーキの中にはたっぷりのレモンクリーム、外側もレモンクリームで覆われていて、優しい酸味が存分に楽しめる。菓子店はもちろん、どの飲食店でもメニューに名を連ねる、アマルフィを代表する銘菓だ。

帰国してすぐレモンクリームケーキの試作に取り掛かった。酸味と甘味を日本人の舌に合うよう微調整し、スタッフのアイデアでスライスしたレモンを載せてピスタチオを散らし、新定番スイーツが完成した。

イタリアンのたのしみ

四季の旬を味わう

イタリアは食材が安く、しかも新鮮でとびきり美味しい。

週一日、街の広場でメルカートと呼ばれる青空市場が開かれる。生産者が自ら販売している店も多く、新鮮な野菜や果物などがスーパーマーケットよりも安価で購入できる。イタリア全土、小さな町でも開かれていて、日々の食卓を支えるなくてはならないものだ。

僕も毎週メルカートに出かけて、数日分の食材をどっさり買い込んだ。抱えきれないほど買い物をしても、千円にも満たないことにいつも驚かされた。イタリアで暮らしている友人の話では、多少値段は上がったものの、今でも日本のスーパーマーケットと比べるとずっと安価だそうだ。

イタリアには日本と同じくらい、いや日本以上に四季折々の味を楽しむ文化がしっかり根を下ろしている。この季節にはこの食材というものがたくさんあって、皆が毎年それを心待ちにしている。昨今、農業技術や保存技術が格段に向上して、日本ではあらゆるものが一年中味わえるようになった。それは嬉しいことだが、反面いつが旬なのか、すっかりわからなくなった食材も多い。

皆が毎年それを口にして「今年は出来がいいな」とか「去年の方が瑞々しくて美味しかったね」と話題に上がる野菜や果物や魚が、イタリアには無数にある。もちろん日本にも毎年心待ちにしている旬の佳味があるけれど、日常の話題に上がることは少ないのではないだろうか。

その食材が一番美味しく、しかも安価で味わえる旬の頃に、季節を愛《いつく》しみながら楽しむ。それこそが豊かな食文化であることを皆がよく知っている。豊かさは利便性だけで判断できないことを、僕はイタリアの人たちから学んだ。

フィレンツェは食の都

料理修行中、将来自身の店を始めることを想像しながらフィレンツェの様々なレストランを巡った。多くはイタリアンだったが中華料理店やインド料理店を訪れたこともある。しかしフレンチを出す店は、僕が知る限りフィレンツェには一軒もなかった。レストランのオーナーにそのことを尋ねると、こう教えてくれた。

「イタリア人はフレンチを食べないよ。だってフレンチの起源はイタリアンなんだから」

　イタリアに限らず、ヨーロッパの人たちは自国の文化に誇りを持っていて、それは食文化にも当てはまる。働いていたレストランでも、ごく一部を除き地元で採れた食材と国産の調味料を使っていた。そして、フレンチに対してライバル心にも似た感情を抱いているようだった。中国やインドは、距離も文化も遠い存在であるがゆえに、異国の食べ物として純粋に楽しめるのだろう。しかし隣国であるフランスとなると、同じというわけにはいかないようだ。

フレンチの起源がイタリアンにあると言われる歴史は五百年近く前、一五五三年にフィレンツェの大富豪、メディチ家のカトリーヌ・ド・メディシスがフランス王アンリ二世に嫁いだことに由来する。カトリーヌはイタリアからお抱えの料理人たちを伴いフランスにやってきた。彼らによってイタリアの食材、調味料や香辛料だけでなく、調理器具や食器、調理法などがフランスに伝わったと言われている。それまでフランスでは、簡単な調理法の素朴な食事を、手掴みで食べていたそうだ。

こうした歴史的な背景もあり、ヨーロッパの食文化の始点はイタリアにあり、イタリアの料理文化こそが一番という意識があるようだ。

そんな歴史は何も知らず、たまたま修行先としてイタリアのフレンツェを選んだことはとても幸運だった。修行したレストランだけでなく、出会った料理人たちは皆、豊かな食文化の起源となった食の都で仕事していることに誇りを持っていた。

そしてイタリアの人たちは、いい食材、美味しい料理への関心が高く、それをしっかり評価できる舌を持っている。近年、日本では安く手軽にできるインスタント料理がもてはやされている。それとは真逆とも言える、地域で採れた旬の食材を使い、伝統的な方法で調理し、食事をじっくり味わう文化が根づいている。

昨今よく耳にするスローフードがまさにそれだ。スローフードは一九八〇年代にイタリアで始まった食の運動で、それが始まる以前からこの考え方が浸透していたそうだ。

自国の食文化を愛し、新鮮な食材を使った美味しい料理を日々楽しむ人たちが暮らすイタリアで料理を学べたことは、僕の宝物だ。

トマトはイタリアンの名脇役

イタリアの野菜売り場にはトマトだけが並ぶ棚があって、驚くほどたくさんの種類が顔を揃えている。日本のスーパーなどで目にするのは、昔からある大玉、少し小ぶりの中玉（ミディトマト）、ミニトマトの三種類くらいだろう。イタリアのトマトは、形も大きさも様々で、丸いものや細長いもの、かぼちゃのような切れ目が入ったものなどいろいろあり、多種多様なトマトが大集合しているのを眺めるだけでも楽しい。

味や食感、皮の厚み、含水量に違いがあって、それぞれの個性を活かして料理する。生のままでも甘味があるサラダ向きのもの、煮込むと美味しいもの、焼くと味に深みが出るもの、トマトソースに最適なものなど、種類ごとの特徴を理解し、使い分けている。

総じてイタリアのトマトは、日本のものよりも青臭さが少なくて心地よい酸味があり味が濃厚。夏の日差しが強く、一年を通して雨が少なく空気が乾燥しているイタリアは、トマトの栽培に適した土壌だ。私感だけれど、イタリアのトマトは世界で一番美味しいと思う。

生のトマトと同じくらいイタリアンに欠かせないのがドライトマト。ドライトマトはその名の通りトマトを乾燥させたもの。しっかりカリカリになるまで乾燥させたドライトマトと、半乾燥させたセミドライトマトがある。セミドライトマトはオリーブオイルに漬けた瓶詰めで売られていることが多い。共に長期保存が可能で、古くから保存食として重宝されてきた。

ドライトマトは、生のトマトとは違う大きな役割を果たしている。乾燥させることで旨味が凝縮され、そのものを味わうというよりも味の土台として大活躍する。日本料理における出汁のような存在であり、同時に味をつける調味料としての役割も担っている。ドライトマトを加えることで旨味が何倍にも増すのだ。

料理に溶け込んでその姿は見えないことも多いが、それぞれの個性を存分に発揮して料理を美味しくしてくれる。トマトがないと味が決まらない、絶対に欠くことができない名脇役だ。僕はイタリアンにおけるトマトのような人になりたい。

何度も食べたくなるイタリアン

イタリアンの大半は日本人の舌に合う美味だが、中にはイタリアで教わったレシピのままだと馴染まない料理もある。そうしたメニューも、ほんのちょっと手を加えるだけで日本人好みに早変わりする。しかしながら、イタリアで教示された伝統の味を変えてしまっていいのだろうかと悩んでいた時、フィレンツェのある日の食卓を思い出した。

旦那さんがイタリア人、奥さんが日本人の夫婦の家に遊びに行った時のこと。イタリアの男性は料理好きな人が多く、その日もイタリア人の旦那さんが料理をして僕たちをもてなしてくれた。

台所にはイタリアの食材や調味料と共に、醤油や味噌、かつお節など日本の調味料も並んでいた。日本人の奥さんがそれらを使っているのだろうと思った矢先、調理中の旦那さんがアクアパッツァの鍋に粉末のかつお出汁を加えたのだ。そして僕にこう言った。

「かつお出汁を入れると味に深みが出て美味しくなるんだよ」

かつお出汁のきいたアクアパッツァは、日本人の僕にとっては懐かしく、イタリア人にとっては初めて口にする奥行きのある佳味と大好評だった。

その日僕は、イタリアンだからこの調味料を使ってはいけない、この食材を使わないといけないという考えは全く無意味だと実感した。

翌日レストランの賄《まかな》いに、醤油とオリーブオイルとバルサミコ酢を混ぜたソースを作り、ソテーしたサーモンにかけて出した。イタリア人の舌に合うだろうかと心配したが、予想外の大好評ぶり。とりわけオーナーがその味を大層気に入り、店のメニューに加わることになった。その後も僕は、賄い料理で日本の調味料を加えたメニューをいくつも試したがどれも好評で、イタリアンとの相性のよさを実感した。

それを思い出した瞬間、イタリアンレストランだからこうあらねばならないという無意味な常識を取り去ろうと決めた。お客さんの舌が喜ぶ、最高に美味しい料理を出すのが街のレストランの使命である。イタリア料理修行で身につけた基本と本質さえ見失わなければ、日本人好みに変化させて構わないのだ。

僕のレストランでは自由な発想で独自の料理を提供している。きっと本格的なイタリアンを出す店が見たら、到底イタリアンとは呼べないような料理もあって、適当にレシピを考えていると勘違いする人もいるかもしれない。しかしそれらは、お客さんの舌を満足させるべく、熟慮を重ねた上に完成したメニューなのだ。

スタッフたちの成長

僕の店を理解するスタッフたち

原宿の店で一緒に働いていたスタッフたちとレストランを開店させた。同世代の気の合う仲間だったが、それぞれの人生を考えると、僕のレストランで雇われの身としてずっと働き続けることは難しかった。

料理人として経験も積んで、三十代を迎える頃になれば自分の腕を試したいと思うのは当然で、独立して自身のレストランを始めるために一人、二人と店を去っていった。

レストランの基礎を一緒に作ってくれた仲間がいなくなるのはとても寂しかったし、ようやくお客さんが増えてきたところでまたピンチになってしまうかもしれないと心配した。

こういう店にしたいという青写真は頭の中にあったものの、それはまだ明確な形になっておらず、僕の夢想でしかなかった。開店したばかりのレストランを運営しながら基礎を作り上げていく途中の段階で、一緒に働いていた仲間にそれをわかりやすい言葉で伝える術《すべ》もなかった。だからワークショップを始めた時の皆の反応も当然で、僕が迷走を始めたと思っていたことだろう。

イタリア修行時代からの仲間という意識が強く、どこか彼らに甘えていたところがあった。ゆえに僕がやりたいことを押しつけたくなかったし、それをできなかった。変わらず仲はよかったけれど、僚友としては過渡期を迎えていた。

新しいスタッフの募集を始めると、僕の店で働きたいと手を挙げてくれる若者が何人もいた。皆僕よりも年若く、活気に満ちていた。今まで一緒に仕事をしていた仲間との決定的な違いは、レストランなのにワークショップやライブもやる店であることを理解し、そんな店で働きたいと来てくれたことだった。

五年目を迎えた頃、開店当初から働いていた仲間たちが去り、新しいスタッフが加わったことで店の空気がガラリと変わった。彼らは僕のやりたいことを理解しているだけでなく、料理の専門学校や大学で調理や栄養学をしっかり学んでいて、料理面での新しい挑戦もできるようになった。

新しいスタッフたちは、理想のレストランを形にする大きな原動力となり、停滞していた店にいい風が吹き始めた。

大きな困難と小さな好機

これまでは新メニューの考案からイベント企画まで全てを自身でやっていたが、新しく加わったスタッフたちが店の顔となり、それらを担ってくれるようになった。

安心して実務を任せられるようになったことで、店全体を俯瞰《ふかん》して見られるようになった。今なら理想のイタリアンレストランを形にできるかもしれない。そう考えた僕は、それを実現すべく新店舗の計画を立て始めた。

その矢先、思いがけない出来事が起きた。両親が栃木で経営していた惣菜と弁当の店が、閉店せざるを得ない状況になってしまったのだ。町の過疎化が急激に進んで売り上げがみるみる下がり、僕が店を始めて五年が経った頃にとうとう閉店にまで追い込まれてしまった。

いつか二店舗目を始める時のために貯蓄していた資金は、閉店に伴う負債の補填に使うことにした。イタリアで料理修行できたのも、東京でレストランを開店できたのも全ては父と母のおかげ、できる限りの恩返しをしなければ罰が当たる。

しかし、その頃合いに新しい店を出さなくてよかったと心底思っている。仮に新しく始めたレストランがうまくいっていたら、若さゆえの勢いのまま三店舗、四店舗と増やしていたかもしれない。もし何店舗も経営していたら、大震災や感染症の流行を乗り越えられず、廃業に追い込まれていただろう。

二店舗目の計画はなくなったが、別の話が舞い込んだ。以前からとてもお世話になっている方から、新潟に所有するビルの一階でイタリアンレストランを開店したいと考えていて、その監修をしてくれないかと相談があった。

信頼できるスタッフたちが店を守ってくれるから、しばらくの間、新潟の店の立ち上げに注力しても問題はないだろう。一番の課題は、店長を誰にするかということ。新しい人を迎えるとなると、レストランに対する僕の考え方から調理技術まで、しっかり伝えなければならない。しばらく東京の店で働いてからでないとそれは難しい。

ある日の賄いの時間に、新潟でイタリアンレストランを監修してほしいと相談がきていることを、何とはなしにスタッフたちに話した。店作りやメニュー提案は問題ないのだけれど、店長として店をまとめてくれる人が見つかるかを心配していることを打ち明けると、一人が前のめりになった。

「いつか自分のレストランを地元で開きたいと思っていて、その勉強のためにも新潟で店長として働いてみたいです」

詳しく聞くと、そろそろ地元に戻って自分の店を始める準備をしたいと考えていたそうだ。

僕のレストランは、傍《はた》からは順風満帆に見えるようだが、順調に進んだことはほとんどない。軌道に乗り始め、新しいことに挑戦しようとするといつも何かしら問題が起きた。それは、今はやるべき時ではないという報《しら》せなのかもしれない。しかし物事がうまくいく時には、こんな偶然が向こうからやってくるのだと実感した。

困難を乗り越えた後には、小さな好機が必ずやってくる。それを見逃さず、しっかり掴《つか》んで進んでいけば、店は少しずつ強くなる。きっとこの先も、それを繰り返していくのだろう。

皆の店に変わった

スタッフたちに実務を任せるようになってから、僕の指示を待つのではなく自ら考えて仕事する姿勢に変わっていった。その頃から、僕ではなくスタッフたちに会うために店を訪れる常連が増えていった。表向きは何も変わっていないけれど、それはとても大きな変化だった。僕の店ではなく、働くスタッフたち、食べに来てくれるお客さん、皆の店に変わったのだ。

僕自身もイタリア修行時代、仕事に対する姿勢が大きく変わった瞬間があった。全てのお客さんを心から満足させるにはどう調理すればいいのだろうと考えるようになってから、料理が格段に美味しくなったように思う。調理技術はすでに習得できていたが、それだけでは美味しいイタリアンは作れない。自分好みの味ではなく、皆が好む味を追求するようになってから、自然と料理が変わっていった。

調理に関しても、安心してスタッフたちに任せられるようになったことはとりわけ大きかった。開店当初からの軸となる部分はしっかりと保ちつつも、お客さんに毎日接しているスタッフたちの感覚を大切にしたことで、今や店の顔になっている新しい佳味がいくつも誕生した。僕が料理長としてずっとキッチンに立ち続けていたら、イタリアで学んだ基本に囚われてしまい、自由な発想の新しいメニューは生まれなかっただろう。

以前から働くスタッフたちが、新しく迎えた仲間に店の核となる考え方を伝えてくれるようになったのも嬉しい変化だった。具体的な言葉で、レストランに対する僕の考え方を伝えることはしてこなかった。

もちろん、仕事の中で自然とそれからを口にしていたけれど、社訓のような形では何も記していない。一緒に働く中で、スタッフたちが僕の考えを深く理解してくれたことがとても嬉しかった。

今度は彼らが、自分の言葉で新しいスタッフたちにそれを伝える。誰かに教えるということは、自身にとって一番の学びになる。誰かに伝えながらそれを再確認する。そういう流れが自然と生まれたことは、レストランを長く続けてきた財産のひとつだと思う。

やる気スイッチの在処《ありか》

準備から片づけまで、レストランの一日は本当に長い。長時間、真剣に仕事と向き合うスタッフの姿勢にいつも尊敬の念を抱いている。

仕事をする上で、上も下もない。店で働く全員が同じ目線で、平等であるべきだ。オーナーである僕の役割は、これまで時間をかけて作り上げてきた店の基本を踏まえながら、働く全員が納得する方向に導いていくこと。

しかしスタッフとの接し方は、未だ正解が見出せないでいる。できれば褒めて伸ばしたいけれど、どうしても注意をしなければならない場面もある。褒めるよりも注意する方が何倍も大変なことを体感してきた。

注意をする時は勇気を振り絞り、相手としっかり向き合い、心から伝えるようにしている。その際、心掛けていることがある。それは日本を代表する名ラガーマンであり、名監督としてチームを何度も優勝に導いた平尾誠二《ひらおせいじ》さんが語っていた言葉だ。落ちこぼれだった僕を救ってくれたのが、中学・高校時代に真剣に取り込んだラクビーだった。二〇一六年に五十三歳の若さで他界してしまった平尾さんは永遠の憧れであり、その真摯なプレーと誠実な言葉はずっと僕の指針となっている。

いつも平尾さんのこの四つの言葉を肝に銘じながら、スタッフと向き合う。

「プレーは叱っても人格は責めない」「長時間叱らない」

「他人と比較しない」「後で必ずフォローする」

感情を抑えて話すことを意識しているが、つい昂《たかぶ》ってしまうこともある。冷静さを失ってしまいそうな時は、即座に注意を止める。自身が興奮した状態では、相手に真意を伝えることなど絶対にできない。そんな時は日を空けて、気持ちを落ち着かせてから話をする。

そして、頭ごなしに注意することはせず、真偽をしっかり確認した上で改善すべき点だけを伝える。相手をしっかり見つめて真正面から向き合えば、大抵の事柄は解決できることを、たくさんの失敗を重ね経験してきた。

じっくり時間をかけて話し合った結果、どうしても意見が合わず、互いに合意した上で店を去ったスタッフも僅《わず》かながらいた。相手の考えを尊重したいけれど、レストランはチームで仕事をしなければならない。一人でも価値観の相違を抱えたまま仕事をしていると、やがてそれが店全体に伝播し、いつしか歪《ひず》みが生まれてしまう。だから些細《ささい》な不調和も、そのまま放置しておくことはできないのだ。

積極的に仕事に向き合ってもらうには、それぞれのやる気スイッチを見つけることが大切。一人一人性格が違うので時間がかかるけれど、辛抱強くそれを探し見つけ出すことで、スタッフたちの才能が十分に発揮される。

異なる個性が集まり、皆が同じ志を持って仕事ができれば、とてつもない大きな力になる。

地図を持って旅に出よう

三十歳を迎える前に自分の店を持ちたいと考える人が多いようだ。目標を決めて頑張るのは素晴らしいことだけれど、年齢にこだわる必要はないと僕は考えている。焦りを感じている時に進路の判断をするのはとても危険なことだ。少しでも迷いがあるのなら、一旦今の環境を続けてみて、気持ちに余裕が出てきた時に自身と向き合うのも悪くないと思う。

実際、僕の店でも独立するために三十歳を目前に辞めていくスタッフが何人もいた。ずっとそれが当たり前だと思っていたけれど、今は少し気持ちが変わってきた。店を任せられるようになったスタッフには、できるだけ長く働いてほしいというのが本音である。

一方で、独立したいと相談があった時は、できる限りの援助をしたいという気持ちもある。しかし、早く独立することだけを考えて仕事をしている人は、長続きしないで短期間で辞めていくことが多かった。

目の前のお客さんのために、美味しい食事と心地よい時間を提供することを一番に考えなければならない。お客さんではなく自身に目が向いているスタッフは、その仕事ぶりを見ているとすぐにわかる。その気持ちは、知らず働く時の姿勢に現れてしまうものだ。

環境を変えれば、今抱えているモヤモヤした気持ちが晴れると思いがちだ。しかし自分の心がしっかり定まっていなければ、またすぐに迷うことになる。

地図を持たない、あてのない旅は楽しいけれど、それが人生の旅となるとなかなかうまくはいかない。自分の目指す場所が明確になってから旅立つ方が、無事に目的地へ辿り着けるだろう。

個人店を続けるために

十年目の第二の店

店を始めて十年目を迎えようとしていた頃、散歩の途中でレストランをするのによさそうな物件を見つけた。店が所在する代々木公園の隣駅、参宮橋駅の近く、自宅から歩いて十分ほどの場所。十年間この街で働き、暮らしていたので、周囲の環境もよく知っていた。隣駅とはいえ違う商圏にあり、この場所ならお客さんがたくさん来てくれると確信できた。

しかしその物件にはひとつ問題があった。それは、単独でレストランをするには広すぎること。誰か一緒に店をやってくれたらいいのだけれど、そんな都合のいい話はなかなかない。

この街にはいいパン屋が少ないから、一緒に美味しい焼きたてパンを出す店をやってくれる人がいたらなあ。そのパンを使ったメニューを出すことができたら、個性的な最高のレストランになるだろう。

翌日、よく通っている近所のパン屋・ルヴァンに買い物に行った折、店長の樽《たる》井勇人《いはやと》さんにその話をした。すると樽井さんは、少し驚いた表情でこう言った。

「実は今、自分のパン屋を始める計画をしているんです。でも具体的な物件探しはまだ始めていなくて」

まさかこんな近くにパン屋を始めたいと考えている人がいるとは思いもしなかった。しかもそれが大好きなルヴァンのパンを焼いている樽井さんとは。奇跡のような偶然に驚きながら、改めて詳細を提案させてほしい旨を樽井さんに伝えた。

とんとん拍子で話が進み、僕のイタリアンレストランと樽井さんのパン屋が並ぶ店の計画が動き出した。うまくいく時は、こんなふうにいい流れが自然と訪れるのだと、新潟のレストランに続き実感した出来事だった。

信頼できるスタッフの一人が、二店舗目を作る時は全面的に手伝わせてほしいと、ことあるごとに僕に熱く語っていた。彼はいつの日か自身の店を持つことを目標にしていて、その前にレストランの立ち上げを経験したい様子だった。その宣言通り、彼が新しい店作りを先導してくれた。

レストランを始めて間もない頃は、流行りの食べ物を提供する人気店を見て、羨《うらや》ましいと思うこともあった。しかし、いつしか世の中の流行りに興味が持てなくなっていた。それは、僕が目指しているのは流行の先端を行く話題の店を作ることではないと気づいたからだった。最先端の人気店を作ったとしても、ずっとそこに留まることは不可能だ。注目を集める店をやりたい気持ちはあるけれど、流行を作るのではなく、本当にやりたいことを真摯に続けることが大事と考えるようになった。

僕が引退した後も残るような、街に根ざしたレストランを作りたい。美しく大きな花火をあげるのではなく、暖炉のような優しく柔らかい炎を灯《とも》したい。

お客さんのための店作り

二軒目のレストランを立ち上げる準備が始まった。

同じようなレストランを作るのでは意味がない。常連もあっと驚くような店にしなければいけないと思った。それは突飛《とっぴ》なことをするという意味ではなく、僕たちの店なのだけれど、お客さんが自、分、の、店と思えるような、魅力あるレストランを作りたいという考えだった。

この街でイタリアンレストランを続けてきた経験を全て注ぎ込んで、最初の店を超える場所を提供したい。いろいろなことを経験した今なら、それがうまくできるかもしれない。

店を始めた頃と違うことがふたつあった。

ひとつは、レストランを通じて様々な分野の人たちと親交が生まれていたこと。最初の店は大好きな家具屋・トラックファニチャーの影響を色濃く受けている。変わらず大好きだけれど、十年間に出会った人たちの力を借りながら、僕の色で店を作れるかもしれない。

手始めに、いつか一緒に仕事をしたいと思っていたランドスケーププロダクツの中原慎一郎さんに内装をお願いした。同じ店舗でパン屋をやってくれることになった樽井勇人さんとも顔馴染みで、彼なら双方の意見をうまく取り入れて丁寧に進めてくれるだろう。

料理だけでなく食器類も特色を出したいと考えていた。

長年愛用しているドイツの鉄製フライパン・タークを新しい店で試してみたかった。そのフライパンとグリルパンは、オーブンにそのまま入れて調理できる上、見た目も美しい。完成した料理をグリルパンのまま提供し、できたて熱々が味わえるメニューを新しい店の主役にしようと考えた。

食器はイタリア修行時代にレストランで使っていた、サタルニアのお皿とボデガのグラスを選んだ。共に何の変哲もない簡素な形だけれど、僕のイタリアンを一番引き立ててくれる。

フライパンも食器も、日本の正規代理店の人とレストランを通じて顔馴染みになっていた。それは全くの偶然だけれど、一緒に仕事をしたい人たちと知り合うことができたのは必然だったと思うことがある。同じ思考や嗜好の人たちとは、黙っていても出会うことができるのかもしれない。まるでパズルのピースがひとつずつはまっていくような感覚だった。

ふたつめは、最初の店に比べると予算をかけられたことだ。次の店を始める時のために少しずつ貯蓄をしていたので、潤沢とは言えないけれども、以前に比べたらそれなりの経費をかけられた。それは店のあらゆるものを充実させるために大切なことだった。

二軒目のレストラン・LIFE《ライフ》 son《サン》はお客さんの立場で考えて、来店した人が自分の居場所と感じられる快適な店を目指した。完成した店内をまじまじと眺め、お客さんのための店でありながら、自分が理想とする空間ができたとしみじみ感じ入った。

安心して委ねられる各分野のプロフェッショナルたち、そして先頭に立って尽力してくれるスタッフに全てを任せ、一歩引いて全体を俯瞰していた。それなのに、頭の中で思い描いていた通りの、いやそれ以上の素晴らしい店が完成した。僕はそれが嬉しくて仕方がなかった。

人生を共に楽しむ仲間

仕事を通じて何より大切にしているのは、同じ人生の価値観を持つ同志を作ることだ。一生の生業として僕が選んだのは飲食業だけれど、違う仕事に就いていたとしてもそれは変わらないだろう。働くことを通じて、同じ方向を向いて人生を歩んでいける仲間と出会いたい。

スタッフたちにとっても、僕の店がそれを実現できる場所であってほしい。しかしそれは、仲がいいだけの関係ではない。一人一人目標も考え方も違う。互いを尊重しながら、大きな視点で見た時に同じ方向を見て歩んでいることが重要だ。だから、店を辞めたらそれで終わりではなく、ずっと一緒に人生を楽しんでいける関係でありたい。たとえば、僕の店を辞めた後、家具職人になった人がいるが、彼に新しい店の家具を作ってもらった。そんなふうに、職種が変わっても仲間として関わり続けられるのは、とても嬉しいことだ。

お客さんとの関わり方についても、同様に考えている。

個人が営む飲食店が長年に渡り続けていくのが難しい世の中だ。とりわけ感染症の流行で辞めざるを得なくなった店がたくさんある。感染症が少し落ち着いた頃、久しぶりに訪れたある商店街を散策した時に、風景が随分と変わってしまったことに驚いた。以前は昔から営んでいる個人店が多かったのに、すっかり全国どの街でも目にするチェーン店が軒を連ねる、味気ない商店街に姿を変えていたのだ。

感染症の流行で一時的に店を閉めざるを得なくなった時、人との繋がりをより大切にしようと考えた。営業できない期間は、僕の店のイタリアンが簡単に味わえるミールキットを通販したが、それ以外は特段変えたことはない。これまで続けてきたことを粛々《しゅくしゅく》と、そして今まで以上に真摯にやることしか僕にはできなかった。

店を再開すると、たくさんのお客さんが足を運んでくれた。それは同じ視点を持つお客さんに僕たちの思いがしっかり届いていたことが証明されたようで、この場所でこのままレストランを続けてもいいという許可証をもらったような心持ちだった。

効率が重視される時代の流れに逆行しているかもしれないが、人と人の関わりを丁寧に築き上げることしか僕にはできない。お客さんとしっかりと向き合い、自身の思いを、レストランの全てを通して伝えたい。

ストレスに弱いからこそ

心身共に健康でいることが、長く店を続けていく上で何よりも大切だと思う。よく働き、休みの日は仕事を忘れてゆっくり心身を休めたいのだが、実際はすっかりそうすることは難しい。気持ちに余裕がないといい仕事はできない。それを十分理解していても、つい店のことが気になってしまう。

自身の性格を変えることは難しく、最近はどうしようもないと少し諦めている。僕はストレスに弱い人間なので、その原因となるものを排除することを考えて仕事をしている。職場の環境がよくなかったり、人間関係がうまくいっていなくても、それを我慢して仕事を続けられる人もいると思うが、僕はどうしてもそれができない性質《たち》だ。

スタッフがストレスなく働ける店でなければ、お客さんが快適に過ごせるわけがない。それは結果的に、皆が笑顔で食事を楽しめる、心地よいレストランを作ることと同義だった。

仕事は賃金を得る目的だけでなく、人生を充実させるために必要不可欠なものだ。せっかくなら楽しく仕事をしたいし、そうでなければ長続きしない。ゆえにストレスをなくしたいのだ。

古典落語の「時そば」にこんな台詞《せりふ》がある。

「商売は飽きずにやらなきゃだめだよ。商《あきな》いって言うくらいだから」

レストランを続けてきて、その通りだなとつくづく感じる。幸運なことに二十年以上経った今も、一向に飽きることなく店を続けている。

僕はそれにひとつ加えて、やめろと言われてもずっと続けてしまうこと、それを苦とは感じない（つまりストレスを感じない）ことが仕事になるといいなと思っている。得意だとか不得意だとかよりも、ストレスを感じないで続けられることが理想なのかもしれない。

　店を始めて間もない頃は、お客さんがどれだけ来てくれるか、そればかりを考えていた。それが歳を重ねるごとに、お客さんがどれだけ充実した時間を過ごせるかを追い求めるようになった。

　ストレスに弱い自身の性質が嫌だけれど、そんな僕だからそれを排除した居心地のいいレストランができるかもしれない。そう考えると、ストレスに弱いのは決して悪いことではないと思う。

怪我の功名

世界的な感染症の大流行に伴う社会情勢の変化で、これまでに経験したことのない危機的状況となった。どんなに大きな問題が発生したとしても、長期に渡り店が営業できなくなることは一度もなかった。

社会全体が活動を止めざるを得ない状況になり、解決の糸口さえ見出せなかった。国や東京都からの補助が決まったことで、何とか首の皮一枚繋がったが、営業を再開できるような状況ではない。最低でもスタッフたちの給与と家賃などの固定費を確保するため、様々な施策を試した。

手始めに、テイクアウトやミールキットの通販を始めたところ、予想以上の注文をいただいた。しかしそれはレストラン運営とは全く違う仕事で、スタッフたちは困惑していた。レストランで働きたくて僕の店に来たのに、それとはかけ離れた慣れない仕事の毎日。単調な作業に嫌気がさしただけでなく、飲食業に明るい未来が見出せなかったのだろう、一年間で半分近くのスタッフが店を離れてしまった。

店を存続させるために、僕は何でもやる覚悟でいた。店がなくなってしまったら、これまで続けてきた努力も全て水の泡となってしまう。飲食店、とりわけ個人店が次々と閉店していたが、何としてもここを耐え忍んで生き残らなければならない。

ようやく営業を再開した時、たくさんのお客さんが来店してくれた。毎週のように通っていた常連やテイクアウト営業の間毎日買ってくれたご近所さんだけでなく、引っ越してしばらくご無沙汰になっていたかつての常連など、いろいろな人が店を訪れてくれたのだ。

何より驚いたのは、ミールキットで初めて僕の店のイタリアンを味わった人がたくさん訪れてくれたことだ。中には、僕の店で食事するために遠方からはるばる来てくれた人もいた。店で直接僕にそれを伝えてくれた人、後日メールをくれた人、SNSに僕の店で食事したことを投稿してくれた人など、様々な方法でそれを知った。

感染症流行の二年目、思わぬ嬉しい出来事があった。

お客さんが以前のように来店してくれるようになり、半分近くになっていたスタッフだけでは店を運営するのが難しくなっていた。そこでスタッフを募集したところ、予想を遥かに上回るたくさんの人が手を挙げてくれた。

まだ先行きの見通せない厳しい時期に、レストランで働きたいと来てくれる人は皆熱い思いがあるに違いない。実際に会って話をしてみると、僕が想像した通り、飲食業で生きていく覚悟を決めた、やる気に満ちた人ばかりだった。

何とか感染症を乗り切り、レストランを存続できたことで、これまで一度も来店したことがなかった全国各地のお客さんと、志のある新たなスタッフが僕のレストランの仲間に加わってくれた。感染症の流行で前よりも店が強靭《きょうじん》になったのは、まさに怪我の功名だ。

感染症の流行と時期を同じくして、店の営業に影響を与える大きな動きがあった。それは渋谷の街全体の変革である。

渋谷区は百年に一度と言われる都市の再開発が急速に進み、渋谷駅周辺を中心にどこもかしこも新しくなった。宮下公園周辺や渋谷パルコが新しく生まれ変わり、五十五年続いた東急文化村が閉店した。その東急文化村から僕の店が所在する富ヶ谷一丁目の交差点までの一本道の周辺は奥渋《おくしぶ》と名づけられ、次々と新店舗ができている。渋谷といえども、僕が店を始めた頃は静かな住宅街だったが、すっかり姿を変え、人々で溢れ返る賑やかな場所になった。

渋谷が大きく変化していく経過を体感しながら、この街でレストランができたのは貴重な経験だった。時代と街の変革は驚くべき速さだったが、その奔流《ほんりゅう》の中で淘汰《とうた》されることなく店を続けられたのは奇跡だったのかもしれない。

この街でレストランを続けていくためには、店も自身も時流に合わせて変化させていく必要はあるだろう。時代の変革についていくことができず、やむなく店を閉めてしまう仲間もたくさん見てきた。

しかし、無理に流行に合わせる必要はないとも感じている。時代の流れについていけなくて辞めた店と同じくらい、流行を追い求めすぎたために閉店した店も見てきた。

どんなに時代が移っても、変わらない大切な真芯がある。それをうまく言葉にすることはできないけれど、二十年レストランを続けてきた僕の中に、それがしっかり蓄積されている。

鎌倉物語

弟は五つ年下。壮年になった今では歳の差は全く気にならないが、子供の頃は随分と違うように感じていた。小学六年生の時、弟は小学一年生。その頃、僕をどんなふうに思っていたか弟に訊《き》いたことはないが、きっと幼心に大きな歳の差を感じていただろう。

イタリア生活を始めた数年後、弟も料理修行のためイタリアにやって来て、二人で暮らしていた時期もある。兄弟であり、共に料理人になるという目標を持つ仲間として互いに助け合った。

それぞれ家庭を持った今では、家族ぐるみで頻繁に交流している。仕事とは関係ない事柄でも常に連絡を取り合い、気心を許し仲よくやっている。しかし、そう思えるようになったのはつい数年前のことだった。

僕が帰国した後も、弟はイタリア北西部の海沿いの街、ジェノヴァで料理修行を続けていた。レストランの開店が決まると弟も参画したいと言ってくれて、イタリアから帰国し共に働くことになった。

兄弟としては仲がよかったが、同じ職場で朝から夜まで一緒に働くとなると全くうまくいかなかった。まだ二人とも年若く人生経験も浅かったため、些細なことで幾度となく衝突してしまった。

それまではキッチンに立ち料理をすることが僕の主な仕事だったが、弟が一緒に働くことになり、その役割を彼に任せることにした。ホール係に徹することを決めたのは、店の顔となる役割をオーナーである僕がやるべきという思いと、料理を弟に全て任せ、レストランの要となる味の部分をしっかり担ってほしいというふたつの思いからだった。

「船頭多くして船山に登る」ということわざがあるが、これまでのレストラン経験でそれを痛感していた。店の中に指示を出す人間が二人いることは効率的ではない。スタッフはどちらの言うことを聞けばいいのかと混乱してしまう。

本心は厨房に立ち調理したかったが、一歩引いて弟に任せた方がうまくいくと判断した。オーナーになると自分がやりたい仕事ではなく、店全体を考えて、僕でないとできないことをやる必要が出てくる。それは当然のことと理解しながらも、心のどこかで我慢している自分がいて、次第に鬱積《うっせき》していった。

ずっと料理を作る仕事をしていたこともあり、どうしてもメニューの細かなところが気になってしまう。自由にやってほしい、全て任せるべきだと思いながらも、弟に細々と言ってしまうことが何度もあった。料理のことがよくわかるから、余計気になってしまうのだ。たとえ僕の言っていることが正論だったとしても、弟にすれば解せなかっただろう。

互いに店に対する熱い思いがあるから、つい口論になってしまう。それが毎日繰り返されると次第にうまく意思疎通ができなくなり、いつしか険悪な間柄になっていた。それでも毎日顔を合わせなければならず、ますます関係は悪化していった。

開店間もない頃は、レストランを軌道に乗せることに必死だった。まだたくさんのスタッフを雇う余裕はなく、人手不足で毎日忙しく、気持ちにもゆとりがなかった。今ならその時の弟の気持ちも十分理解できるが、当時は慮《おもんぱか》ることができなかった。

溝は埋まらないまま時が過ぎ、開店から五年後、弟は自ら店を抜けることを選んだ。しかし、弟のこの決断がいい結果を僕たちにもたらした。しばらく離れたことで、互いの至らなかった部分を反省し、いい距離感で以前のように仲のいい兄弟としてつき合えるようになったのだ。

弟が店を去ってから五年が経った頃、神奈川県藤沢市の辻堂《つじどう》でLIFE《ライフ》 Sea《シー》という名の新店舗を手がけることになった。この時、店の責任者として真っ先に頭に浮かんだのが弟だった。五年間互いに違う場所で仕事の経験を積み、兄弟という意識ではなく、共に食を生業とする同業者という立場でうまく接することができるようになっていた。今なら弟に全てを任せることができるだろう。

僕の誘いを快諾してくれた弟は、新店の責任者として期待を遥かに超える素晴らしい店を作り上げてくれた。そして今やLIFE Seaは、辻堂の人たちから愛されるレストランとしてすっかり地元に定着した。

家族と一緒に働くのは、距離の取り方がとても難しい。互いの気持ちがわかりすぎることが、時に仇《あだ》になると学んだ。一度失敗してしまったけれど、互いを十分理解した今、弟は兄弟であり最強の相棒になった。

僕たちは憧れの地、鎌倉でレストランを開店させるための準備をしている。

もうすぐ由比ヶ浜《ゆいがはま》大通りの南にLIFE Sea Southern《サザン》というレストランが開店する。店名にあるSouthernは僕たちが子供の頃から大好きなバンド、サザンオールスターズから拝借した。

小学五年生の時、初めて両親に買ってもらったサザンオールスターズのレコードのタイトルは『KAMAKURA』。

内装工事が始まる前のがらんとした店内を二人で眺めながら、小学校に上がる前の弟と一緒に「鎌倉物語」を聴きていたことを、つい昨日のように思い出していた。『KAMAKURA』の中で唯一、原由子さんが歌っていて、アルバムの中でも大好きな一曲だ。恋愛の歌であるけれど、僕はその歌詞を心の中で弟との思い出に置き換えていた。

ライフという名のレストラン

ようやく自身のレストランに対するこだわりがなくなってきた。悪いことのように思われるかもしれないが、僕はずっとそれを目指していた。こだわりという言葉は近年、いい意味で使われる場面が多いように思う。本来は、比較的どうでもいい事柄を気にしすぎていつまでも心にかけたり、必要以上に手を加えたがることを意味する言葉だ。

つい最近まで店に関わる全ての事柄が気になって仕方がなかった。料理の味はもちろん、接客や音楽に至るまで、つい細々と見てしまう。「木を見て森を見ず」ということわざがピッタリ当てはまっていた。

どんな料理を出そうと、どんな音楽を流していようと、スタッフたちが充実して働くことができ、そして何よりお客さんが心から食事を楽しんでくれるのなら、何だっていいと思えるようになった。

それは、長年かけて僕なりのイタリアンレストランの基礎とも言えるしっかりとした背骨が出来上がったことと、それを深く理解し安心して全てを任せられるスタッフたちがいるからだ。

世界的な感染症の流行で、一時的に閉店せざるを得ない危機的な状況を経験したことも大きい。人知の及ばない状況を、スタッフたちと力を合わせて何とか乗り越えた。そしてお客さんが以前のように、いや前にも増して来店してくれるようになった。

二十年以上、同じ場所でイタリアンレストランが続いているのは、自身の力ではなく周囲の人たちのおかげ。改めてそれに気づいた時から、僕のこだわりは次第になくなっていった。

店を始める時、店名をライフ（LIFE）に決め、看板にこう記した。

〈SLOW《スロー》 FOOD《フード》　SLOW《スロー》 LIFE《ライフ》　GOOD《グッド》 LIFE《ライフ》〉

僕のレストランの食事で、毎日の生活が少しでも豊かになったら嬉しい。地域の人々の暮らしにそっと寄り添うレストランになりたい。そう願い、店名と共にこの言葉を書いたが、その気持ちは今も変わらない。

二十年かけて僕は、ライフという店名の本当の意味を理解した。お客さんだけでなく、僕や家族、スタッフ、店に関わる全ての人たちの人生を豊かにする場所、それがライフという名の小さなレストランなのだ。これから一生をかけて、美味しい匂いがするレストランを完成させたい。

相場正一郎（あいば・しょういちろう）

1975年栃木県生まれ。1994年から1999年にイタリアのトスカーナ地方で料理修行。東京・原宿のイタリアンレストランで店長兼シェフとして勤務した後、2003年東京・代々木公園駅にカジュアルイタリアン「LIFE」を開店。全国で5店舗のレストランを運営しており、カルチャーを作る飲食店としても注目を集めている。主な著書に『30日のパスタ』『30日のイタリアン』『山の家のイタリアン』『道具と料理』（ミルブックス）『世界でいちばん居心地のいい店のつくり方』(筑摩書房)『LIFEのかんたんイタリアン』（マイナビ）等がある。二児の父親であり、週末は家族で栃木県那須町にある山の家で暮らす二拠点生活を送っている。

ライフという名のレストラン

2023年11月1日　初版第1刷

著者　　　相場正一郎
発行者　　藤原康二
発行所　　mille books（ミルブックス）
　　　　　〒166-0016　東京都杉並区成田西 1-21-37 # 201
　　　　　電話・ファックス 03-3311-3503
　　　　　http://www.millebooks.net
発売　　　株式会社サンクチュアリ・パブリッシング
　　　　　（サンクチュアリ出版）
　　　　　〒113-0023　東京都文京区向丘 2-14-9
　　　　　電話 03-5834-2507　ファックス 03-5834-2508
印刷・製本　シナノ書籍印刷株式会社

ISBN978-4-910215-15-0 C0077